Als Gott die Erde schuf, hat er den Knödel im Sinn gehabt, ist dieser in seiner Rundheit doch der Inbegriff der Perfektion – und um sein Innenleben sind schon wahre Glaubenskriege entstanden ...

Unterhaltsame Geschichten rund ums Essen – Eva Demski erzählt von Gourmets und Asketen, von üppigen Festgelagen, von den Wonnen des Fastens und vielem mehr: wie die Wahl des richtigen Weins zur Sinnfrage wird und das Beerensammeln zum Feldzug. Sie berichtet vom unaufhaltsamen Siegeszug der Bratwurst, die selbst ausgewiesene Sternerestaurants erobert, und stimmt ein Loblied auf die Suppe an, die Leib und Seele wärmt.

Eva Demski wurde 1944 in Regensburg geboren und lebt heute in Frankfurt am Main. Ihr literarisches Werk wurde vielfach ausgezeichnet, so erhielt Eva Demski 2008 den Preis der Frankfurter Anthologie.

Im insel taschenbuch liegen von ihr außerdem vor: *Gartengeschichten* (it 4003), *Katzenbuch* (it 3654), *Mama Donau* (it 3279), *Lesbos. Sappho und ihre Insel* (it 3246) und *Venedig. Salon der Welt* (it 3193).

insel taschenbuch 4163
Eva Demski
Rund wie die Erde

Eva Demski

RUND WIE DIE ERDE

Kulinarische Geschichten

Insel Verlag

Umschlagabbildung: Michael Sowa

Erste Auflage 2012
insel taschenbuch 4163
Originalausgabe
© Insel Verlag Berlin 2012
Vertrieb durch den Suhrkamp Taschenbuch Verlag
Umschlag: Michael Hagemann
Satz: Hümmer GmbH, Waldbüttelbrunn
Druck: CPI – Ebner & Spiegel, Ulm
Printed in Germany
ISBN 978-3-458-35863-3

INHALT

Ein Herz schlägt unter jeder Küchenschürze
Und hütet sein Geheimnis: die Gewürze.

RUND WIE DIE ERDE

So könnte man es sich mit dem gebotenen Respekt vorstellen: Eines Tages nahm der Allmächtige eine Handvoll Materie, spielte damit und formte die Erde. Wie sich die Dinge weiter mit ihr zutrugen, braucht uns hier, Ihm sei Dank, nicht zu kümmern – jedenfalls ist unstreitig so der erste Knödel entstanden. Wer immer danach geduldig und nachdenklich teigdrehend in der Küche steht, sollte sich dessen erinnern. Nein, wir werden hier nicht das Wort »Kloß« einführen, nicht ein einziges Mal, jenes preußische Unwort, das wir den Trauer- und Erdklößen verdanken, die nie wissen werden, was ein Kartoffelknödel verliert, wenn man ihn zum Kloß degradiert. Einen Knödel hat der Schöpfer im Sinn gehabt, keinen Kloß! Was daraus wurde – es mag am falschen Garen gelegen haben. Das aber, wie gesagt, hat uns hier nicht zu kümmern. Die Geschichte fängt eigentlich ganz anders an, viel näher und sehr wenig mythisch, sie fängt mit meinem Neffen an, der kategorisch erklärte, nur runde Nahrung zu sich zu nehmen. »*Ich will nur runde Sachen essen!*« sagt er, seit er überhaupt etwas sagen kann und einen eigenen Willen hat. So kam ich aufs Nachdenken über den Knödel, das Runde an sich. Die Dreiquartelanalytiker, die abscheulichen, ungebetenen Partypsychiater und Handstricktherapeuten werden mit den Mutterbrüsten daherkommen, von denen der Knabe entweder zu wenig oder zuviel gesehen hätte. Nichts davon! Außerdem lebt der Knabe in der Oberpfalz, da hat man sowas gar nicht. Psychologie, meine ich. Und er weiß auch nichts von jenem Sechsundachtzigjährigen, den ich in Südtirol kennengelernt hatte. Der Mann rauchte wie ein Schornstein, trank nicht wenig Schnaps und ernährte sich, wie er glaubhaft versicherte, seit seiner Entwöhnung von den mütterlichen Rundungen von Speckknödeln. Ein Leben lang Speckknödel, zweimal am Tag Speckknödel und nur manchmal einen Salat dazu. Der Mann ist vollkommen gesund. Man wird ihm einen Knödel ins Grab nachwerfen, wenn er überhaupt stirbt, vielleicht hat er ja mit der vollkommen runden Ernährung als erster im runden Universum den Schlüssel zur Unsterblichkeit gefunden. Das alles interessiert meinen Neffen gar nicht, und nur Speckknödel wären ihm zu fad, da doch Hunderte von Knödelsorten am kulinarischen Himmel aufscheinen, ein Planetarium runder Genüsse gleichsam.

Rundes will er essen? höre ich die Knödelbanausen fragen. Dann geben Sie ihm doch Tomaten, Orangen oder Kartoffeln – das ist auch alles mehr oder weniger rund. Die Ahnungslosen! Das Wesen des Knödels ist nicht denkbar ohne die Verwandlung eines Rohstoffs in die Vollkommenheit des Runden. Erst als Knödel ist die Kartoffel wirklich rund und wahrhaft genießbar!

Das Schöpferische will der Knödelsüchtige mitessen, und das Rund der Aprikose ist vollkommen, wenn ihr Kern durch ein Stück Zucker (der ins Innenrund hineinschmilzt) ersetzt und ihre äußere Rundung durch einen zarten Nudelteig mit Butter, Zucker und Zimt gestaltet worden ist. Das naturgegebene Rund wird durch die Kunstrundung erhöht. Das ist Kultur! Es muß keine Aprikose sein, auch Zwetschgen und Kirschen lassen sich auf diese Weise veredeln. Und es muß kein Nudelteig sein, auch ein rauhleichter Quarkteig oder ein in diesem Fall eher biederer Kartoffelteig sind brauchbar. Bieder ist der Kartoffelteig, aber wirklich nur bei der Erhöhung und Vervollkommnung der Früchte! Für sich genommen ist nämlich der Knödel die Apotheose der Kartoffel, mehr Kartoffel, als eine simple Kartoffel je sein kann! Aber man muß sich dem Prozeß der Kartoffelverwandlung stellen: Tüten voll mißtrauenerweckenden Pulvers und gar jene Papiersäckchen, in denen durch Kochen ein walzenförmiges Ding von gummiartiger Konsistenz entsteht, müssen wir vergessen. Natürlich bleibt es jedermann unbenommen, derlei zu produzieren und zu essen. Man sollte es nur nicht Knödel nennen dürfen.

Vor den Knödel haben die Götter jene Flüssigkeiten gesetzt, die in diesem und anderem Zusammenhang gern genannt werden (und wir werden sehen, daß es hier buchstäblich zutrifft): Blut, Schweiß und Tränen. Nicht alles muß für jede Knödelsorte vergossen werden – fangen wir also mit dem Blut an. Der wirklich echte Reiberknödel, der aus rohen Kartoffeln geriebene, erhält seine letzte Würze durch jenes Tröpfchen Blut, das fließt, wenn wir mit den Fingerknöcheln über die Kartoffelreibe raspeln. Dafür gehört dieser gefährliche Knödel zu den wunderbarsten seines Genres. Wichtig ist die Reibe – es muß genau in jener mittleren Stärke gerieben werden, die die zarten Kartoffelspäne noch zwischen den Zähnen ahnen läßt. Kein Matsch, aber auch keine Stückchen, und zur Füllung ganz puritanisch nur leicht in Butter geröstete Graubrotwürfel.

Das Innenleben der Knödel ist fast so wichtig wie die äußere Hülle. Glaubenskriege sind schon darum entstanden, die wollen wir ruhig ein wenig schüren. Aber bleiben wir noch bei der Härte, die in diesem Fall dem Genuß vorausgeht – auch der Schweiß spielt seine Rolle dabei, und wer je den schweren, mit Semmelstücken durchsetzten Teig für den klassischen böhmischen Mehlknödel gerührt hat, weiß, wovon ich rede. Und das Rühren muß sein, bis die Hände und der Teig Blasen werfen, denn nur dann entfaltet sich aus irdischer Schwere traumhafte Leichtigkeit. Wenn der Mehlknödel gelungen ist, ist er so empfindlich, daß er sich vor dem Messer fürchtet. Deshalb soll er mit einem weißen Zwirnsfaden in Scheiben geteilt werden. Ein Innenleben hat er nicht, denn er ist ganz Innenleben, Komposition aus Weißbrot, Mehl, Ei und Hefe, der meine Mutter noch ein wenig Sprudelwasser hinzuzufügen pflegte, obwohl das nicht orthodox ist – selbst das Ei wird von manchen böhmischen Puristen abgelehnt. Und die Tränen? Sie fließen, wenn alles umsonst war, der Knödel sich auflöst oder wie ein heimtückischer Stein dem Messer widersteht. Damit man nicht weinen muß, ist der Probeknödel zu empfehlen, den man als Vorhut ins leise simmernde Salzwasser gleiten läßt. Wenn der störrisch oder suppig wird, läßt sich noch was retten. Scylla und Charybdis der Knödelköchin (ich kenne nur große Knödelköchinnen, keinen einzigen Mann, der zur Erschaffung vollkommener Knödel geeignet wäre): der Matschknödel und der Steinknödel. Zwischen beidem gilt es, die jedem Knödel zugeordnete, einzig wahre Beschaffenheit zu erreichen. Die nachgiebige Festigkeit des gekochten Kartoffelknödels, die rauhe Schwere des Reiberknödels, die leichtsinnige Körnigkeit des Grießknödels. Über den Mehlknödel sprachen wir schon, und über die einzig wahre Konsistenz des Semmelknödels und des Leberknödels werden wir streiten. Fest muß er sein, wehrhaft, sich nicht gleich den zerstörerischen Attacken des Bestecks ergeben, sagen die einen. (Man benutze das Messer nur unterstützend, Knödel »reißt« man!) Weich und aufnahmebereit, ein Dienender, das sei der wahre Knödel, sagen die anderen, und woran denken sie? An die Soße, natürlich, die in diesem Zusammenhang auf gar keinen Fall Sauce heißen darf.

Ein wichtiges, vielleicht das wichtigste Kapitel: Der Knödel ersehnt die Soße wie der Erdball den Regen. Ihr muß er sich öffnen, er darf sie nicht abweisen wie ein verkarsteter Boden, er darf sie aber auch nicht bis zur Selbstverleugnung einsaugen und sich ihr ununterscheidbar vermählen.

Eigentlich bildete der Knödel die ideale Speise für Vollwertköstler und Vegetarier, die es nicht verbissen sehen – wenn die Sache mit der Soße nicht wäre. Denn das weiß jeder, daß der Schweinsbraten und der Rehrücken in der Hauptsache Lieferanten einer ausgiebigen, würzigen und abrundenden Soße sind. Und ohne Fleisch geht nichts, sagt der Neffe, obwohl er nie welches ißt. Aber alles geht, wenn man sich in die Knödelkunde versenkt, und so gebe ich jenen, die auf dem Pfad vegetarischer Tugend schon weit geraten sind, den Rat, die böhmischen Mehlknödel mit einer Dill-Sahne-Gurkensoße zu versuchen. Und sehr Wohlhabende könnten den Semmelknödel (in seinen Teig muß ein Hauch feingewiegter glatter Petersilie) in einen tiefen, üppigen See von Steinpilzen in saurem Rahm versenken. Das ehemalige Armeleuteessen ist heute fünfmal so teuer wie Braten, geschieht uns recht. Und es schmeckt so überirdisch, daß wir die Kosten und das bißchen Cäsium auch noch schlucken. Der Semmelknödel ist des Neffen liebster Knödel, obgleich er immer wieder das mangelnde Innenleben beklagt. Und zur Abwechslung den mit Weißbrotbröseln, Hackfleisch und Käse gefüllten Halb und Halb (halb rohe, halb gekochte Kartoffeln) sehr gern hat. Mir ist der zu grob, ich habe ihn im Verdacht einer besorgniserregenden Modernität. Wo sowas geht, ist das Ketchup nicht weit. Andererseits ist die Brutalität – die lüsterne Brutalität – des Zerteilens erst dann wirklich schön, wenn das Innere, das Magma des Knödels hervortritt.

Auch dies wie eine Erinnerung: das Tröstende, das Abmildernde der runden Speise. Essensreste in mageren Zeiten verloren ihre Traurigkeit, wenn man sie klein schnitt oder hackte und einen sanften Teig um sie herumschloß, ein Neuerschaffenes glitt da ins Wasser, das niemals kochen darf, immer viel und immer gesalzen sein muß, auch bei den süßen Knödeln. Der Knödel: Das war eine scheinbare Üppigkeit in ärmlichen Zeiten, ein Aufscheinen des Barocken dort, wo die Menschen eher gotisch aussahen.

Heute ist der Knödel verpönt, denn er hat die Gestalt, die wir anzunehmen fürchten, wenn wir uns seinem Genuß hingeben. Das ist schade. Manchmal schmuggeln die feinen Köche, die nicht aufhören können, das Runde zu lieben, ganz kleine Knödel auf die Teller, das sind Nocken, aber die Hoffnung bleibt, daß sie sich allmählich wieder zu richtigen Knödeln auswachsen könnten, die nicht nur für kleine Buben Inbegriff des Glücks sind.

Um den Leberknödel und seine Würdigung habe ich mich bisher gedrückt, denn es gibt Bewahrer der reinen Lehre, die in ihm nur die bayerische Abart eines Klopses sehen. Und ein Klops ist kein Knödel, außerdem ist der Leberknödel nicht wirklich rund, oder anders gesagt: Wenn er wirklich rund gedrechselt ist, schmeckt er nicht, weil zuviel Brot drin ist. Und Leber überhaupt ... Aber wie es eben mit der Liebe ist: Bei mir gehört er dazu, und bei meinem jugendlichen Experten sowieso, denn in einem Leberknödel ist bekanntlich kein Fleisch, und so ist er ein vegetarisches Essen, und es werden (wie für die Schweinsbratensoße) keine Tiere dafür umgebracht. Ihm steht auch jenes Gemüse gut zu Gesicht, das sonst fürchterlicherweise immer mit der Sanftheit des gekochten Kartoffelknödels oder gar, horribile dictu, des Semmelknödels gepaart wird: das Sauerkraut. Der Leberknödel darf es haben, die beiden passen zusammen, und es schadet nichts, wenn man den Leberknödel für diese Verbindung aus der obligatorischen Fleischbrühe fischt.

Wie viele von der ebenso verschämten wie großen Gemeinde der Knödelliebhaber werde ich jetzt unzufrieden gelassen haben, der Quarkknödel beispielsweise nicht ernsthaft gedenkend oder des Germknödels? Auch über das geheimnisvoll anrüchige Innenleben des Mohnknödels haben wir nicht wirklich reflektiert. Meine böhmische Großmutter, die eine große Knödelköchin war (was meine Mutter bestreitet, die aus purer Schwiegermutterphobie eine noch bessere Knödelgestalterin wurde), also meine Großmutter hätte laut gelacht, wenn man ihr die Verbindung von Mohn und Rauschgift hätte einreden wollen. Aus Mohn macht man Knödel. Allenfalls noch Strudel. Vieles wäre besser auf der runden Erde, wenn man Knödel daraus machte.

Wer Knödel macht, muß ein nachdenklicher, ruhiger, in sich gekehrter Mensch sein. Das Reiben, das Schnippeln, Mischen und Rühren, die zärtlich gebohrte Kuhle im Teig, die die Füllung aufnehmen soll, schließlich der wahre Schöpfungsakt: das Formen mit feuchten oder bemehlten Händen, das Runden und Glätten. All das bedarf der Einkehr und der Geduld. Ein Hektiker bringt keine gescheiten Knödel fertig.

Spätestens beim Essen wird man für die Zeit der Stille entschädigt. Knödel sind ein Essen, das der Geselligkeit bedarf. Die traurigste denkbare Kombination wäre ein Single und ein Knödel. Auf einer flachen Schüssel müssen sie liegen, einander berührend, aber nicht bedrückend, die Knödel. *»Neun Stück habe ich geschafft«*, sagt der spindeldürre Neffe stolz. *»Sie sind aber auch saugut gewesen.«*

Ess, ess, ess ich Estragon?
Was, was hätt ich denn davon?
In den Essig Estragon?
Ja, das geht. Das wars auch schon.

EIN TAUSENDER DAS KILO

Also, sagt die Dame im geräumigen Pepitakostüm, wir haben daheim die Kartoffeln für die Suppe erst leicht angebraten, mit dem Gemüse. Und zum Abschluß eine geräucherte Leberwurst reingedrückt, das Ganze noch mal aufgekocht. Wir – fünf Frauen unterschiedlichen Alters und Gewichts – hängen an den Lippen der platonischen Köchin. Platonisch ist, wenn nichts Richtiges passiert. Die Suppe, an der wir uns die fastenkühlen Finger wärmen, ist auch platonisch, gewissermaßen die Idee einer Suppe, reine Substanz, sternenweit von so widerwärtigen Genüssen wie geräucherter Leberwurst entfernt.

Es ist ein Frühlingstag, hoch über dem Bodensee, hoch über der Stadt Überlingen, ein an den Hang gebautes Haus mit dem scheuen Charme der Fünfziger: die Klinik Buchinger. Seit vielen Jahren ein berühmtes, klassisches Ziel für alle, die sich oder anderen zuviel sind. Davon aber später. Fangen wir mit der Fassungslosigkeit unserer Freunde an, die wir ernten, wenn wir irgendwann ganz beiläufig sagen: Übrigens, ich hab' mich zur Fastenkur angemeldet! Verständnisvolles bis neidisches Nicken kommt nur von Menschen, die da schon mal waren. Alle anderen Reaktionen schlagen den Bogen von: »So viel Geld dafür, daß du nichts zu fressen kriegst!« bis »Das ist ganz ungesund, das hast du doch gleich wieder drauf!« Oder, die ehrliche Variante: »Es könnte mir nicht schaden, aber allein der Gedanke scheucht mich sofort an den Kühlschrank.« Dann gibt es noch ein Buch, es kostet wenig, und auf dem Umschlag ist eine Riesenhose zu sehen, aus der ein schlanker Mensch hopst. Will sagen: Das kannst du daheim auch, sonst ist das einzige, was dauerhaft mager wird, dein Portemonnaie.

Ach, alles falsch. Fasten ist etwas ganz anderes, für jeden unterschiedlich, und von den asketischen Anfängen des ebenso strengen wie welterfahrenen Otto Buchinger, der die Überlinger Klinik noch in seinem achten Lebensjahrzehnt gründete, war es ein langer Weg bis zur heutigen Mischung aus wohltuender Regression und Kampf gegen die innere Schweinehundmeute, aus Seelenheil und Körperversöhnung. Längst hat der Luxus Einzug gehalten, aber so leicht läßt sich das Aroma der Entsagung nicht vertreiben.

Sie wüßten natürlich, sagt der Chef in dritter Generation Raimund C. Wilhelmi, daß es heutzutage nötig sei, bei den global players mitzuspielen. Die Villa auf dem großen Fichtenau-Grundstück heißt Belgrano und bedient den Fünfsternebereich. Zwar ohne goldene Wasserhähne, aber edel und großzügig. Die vier Suiten sind immer ausgebucht.

Nein, Fasten macht den Menschen nicht bescheiden, im Gegenteil. Auch da gibt es Unterschiede, aber viele, denen ihre Umgebung zu Hause und mit ausgefüllten Magen und Tagen gleichgültig ist, beginnen hier wahrzunehmen: Farben, Materialien, Gerüche, Geräusche – das steigert sich mit jedem Fastentag. Neue Neuankömmlinge erkennt man an ihrem resigniert-trotzigen, todesbereiten Gesichtsausdruck. Besonders Männer schauen oft drein, als sollten sie in den Krieg ziehen. Natürlich nicht die Kenner, jene alerten Dreiergrüppchen, die stolz ihre Hosenbünde von sich weghalten, das Fasten einmal im Jahr anstatt eines Kegelausflugs exerzieren, den Golfplatz bevölkern und niemals über Essen reden. Sondern jene (das sind gar nicht so wenige), die es für Sünde halten, etwas

zu bezahlen, das man nicht bekommt, denen es nichts aus-
macht, daß sie ihre Fußspitzen und manch anderes schon seit
Jahren nicht mehr gesehen haben, und die erst dem dritten
Arzt glauben. Die schauen sich mit hochgezogenen Schultern
um, wittern eine Verschwörung gegen den gesunden Men-
schenverstand, und manche von ihnen sieht man nach Tagen
im Ort an der Pizzabude.

Die meisten aber lernen sachte, die Situation zu genießen.
Nach dem Entlastungstag, der dem Menschen vorgaukelt, er
sei schon bis zur Unkenntlichkeit abgemagert, beginnt das
Fasten, die innere Wäsche, die wochenlang mit großen Men-
gen von Flüssigkeit vorgenommen wird, auf allerlei Art, die
nicht jeder gleich mag. In den ersten Tagen erscheint jener
Entlastungstag – Reis oder Obst – immer mehr als letzte zu-
friedenstellende Völlerei, bis man den sanften Rhythmus des
Entzugs allmählich schätzen lernt.

Als erstes wandert am Morgen eine weißbemäntelte
schweigsame Schar mit Schlappen zur Buchingerschen boc-
ca di verità – zur Waage. Die Wartestühle im Flur sind be-
legt, man hält sein Kärtchen zwischen den Fingern, wackelt
mit den Zehen, bemüht sich, einen exorbitant mächtigen weißen Bademantel neben sich nicht zu sehr anzuglotzen und
auf das enttäuschte oder triumphierende Gemurmel hinter
der geschlossenen Tür nicht zu interessiert zu horchen. Vor
der Waage und der blutdruckmessenden Schwester sind alle
gleich. Die Schwestern sind rank und freundlich, von einer
sehr wohltuenden, unaufgesetzten und fast privat anmuten-
den Liebenswürdigkeit: Nicht als müßten, sondern als woll-
ten sie ihrer Klientel die Sache leichtmachen. Danach wandern
die weißen Gestalten wieder in ihre Zimmer, zum morgend-
lichen Tee: Später wird man Zeugin eines sehr ernsten Streit-

gesprächs zwischen vier Herren, deren Gesichtsfarbe gour-
metöse Fähigkeiten ebenso verrät wie gute Weinkenntnisse.
Sie unterhalten sich über die geschmacklichen Unterschiede
zwischen Hagebutten- und Malven-, Fenchel- und Pfeffer-
minztee. Sie haben, denke ich, keine Ahnung. Apfelschalentee! Apfelschalentee ist das Ultimative. Nachts tausche ich
heimlich den mir zustehenden Fencheltee gegen die begehrte
Köstlichkeit aus, die eigentlich auf einem Tischchen im Flur
zur allgemeinen Verfügung steht.

Man sollte, wenn man fastet, ein Zimmer zum See haben:
Er sorgt für eine große Ablenkung mit seinen Inszenierun-
gen aus Wolken und Farben, Sonnenaufgangsoper oder Ne-
belmelancholien. In kühleren Jahreszeiten steigt die Dampf-
wolke vom Schwimmbecken unten hinauf zum Haupthaus.
Ich stelle es mir schwierig vor, im Sommer zu fasten: Die mehr
oder minder verlegen genossenen Kinderfreuden, auf die wir
gleich kommen werden, wären im Sommer falsch plaziert.
Nach dem Mittagessen, das manche mit mühevoller Ironie
so nennen und das ein weiteres Trinken ist, kommen die Faster nämlich ins Warme. Die Becher mit Gemüsebrühe und
Saft werden in einem hübschen Saal eingenommen, Gruppen von Polstersesselchen, niedrige Tische, wieder der schöne Blick hinaus für die, die sich entschlossen haben, keinen anderen »Anschluß« zu suchen als hoffentlich den an sich selber.
Die suppeverteilende Dame hat ein weißes Schürzchen, flin-
ke Augen, und man kann erkennen, wer in ihrer Gunst steht:
Die kriegen mehr Petersilie obendrauf. Petersilie ist was zum
Kauen.

Hier scheiden sie sich, hier in diesem nicht einschüchternd
eleganten Salon, hier wird klar, wer sich zur vita activa rechnet und wer zur vita contemplativa. Die einen platzen vor lau-

ter Terminen aus den Nähten, der Tag, der einem doch durch den Wegfall der Nahrungsaufnahme länger erscheinen müßte, reicht gar nicht aus für all das Meditieren, Wandern, Tennisspielen, Schwimmen, die Gymnastik – Leib und Seele wollen sie so energisch Beine machen wie noch nie zuvor im Leben. Konzert in der Birnau oder Seidenmalen: Siehe, sagen einige erstaunte Gesichter, wieviel das Leben außer Essen noch bereithält! Sie schnüren in Gruppen die Schuhe, entern die Busse, und ihre Wasserflaschen klirren dezent.

Nicht so die, denen die einzig verlockende Reise ins eigene vernachlässigte Innere zu gehen scheint! Die dehnen jene Wärme und Stille, die wir vorhin andeuteten, auf alle Tage aus. Nach der Gemüsebrühe im Salon kommt nämlich für alle, auch die Zappeligsten, die Stunde des Leberwickels, zur Entgiftung, Alle in die Betten und wie Kinder mit Bauchweh die Schwester erwartend, die warme nasse Tücher und warme trockene Tücher um die Mitte der Menschen schlingt, bis sich die wehrlose Zufriedenheit eines Wickelkindes einstellt. Dann duseln alle, nehme ich an, und lassen sich vom See und von den Wolken nicht auf andere, sondern auf gar keine Gedanken bringen. Selbst die alle zwei Tage erfolgende innere Reinigung von der anderen Seite her, der unvermeidliche »Einlauf«, wird offenbar von Leuten akzeptiert und mit freundlichem Ernst hingenommen, die sonst bei einer solchen Zumutung davonlaufen würden.

Die Mittagsstunde der Ruhe und Entgiftung, der inneren Reinigung und Entschlackung ist fast heilig, ein zauberbergisches Träumen stellt sich ein, und das mag für manche der Patienten eine sehr ungewohnte Erfahrung sein.

Der berühmteste Frankfurter Verleger kam jahrelang hierher, er stellte ganz ungewöhnliche Rekorde in Fastendauer und Schwimmen über den See auf. Zwar stelle ich mir immer vor, daß er sich gleichsam substantiell mehrfach auf den Gängen der Klinik Buchinger begegnet sein müßte, so viel hatte er immer wieder von sich hier zurückgelassen. Er hat aber vom Bodensee mitgenommen, was anders gewogen wird: etwa sein schönes Buch »Goethe und seine Verleger«. Auch sein Ginkgo-Buch ist hier entstanden. Doch mit Nachrichten und Geschichten über die fastende Prominenz ist der Chef von liebenswürdiger Sparsamkeit – die Klatschfürstinnen und -fürsten sind sowieso eher in der Tochterklinik Marbella zu finden. Arabische Royal Highnesses allerdings haben das leise Gefüge schon mehrfach durcheinandergebracht, mit Heerscharen von sich mopsenden Leibwächtern und der Forderung, das Schwimmbad zu schließen, wenn eine dicke Hoheit drin zu baden wünschte. Aber so weit kommt man den morgenländischen Wünschen hier nicht entgegen.

Es gab Bianca Jagger, für die Weizengras angepflanzt werden mußte, weil das grade in Amerika als Jugend- und Gesundheitselixier galt, Philippe Starck war da, und gelegentlich gibt es wie bei Thomas Mann einen guten Russentisch. Wenn man nicht will, sieht man außer den Schwestern und seinem Arzt gar niemanden. Man kann sich völlig verpuppen und nach den ersten dahingegangenen Kilos eine Schmetterlingsahnung empfinden: braucht man ja keinem zu sagen. Ich denke mit Zuneigung an eine Dame, die am Tage nachdem die morgendliche Wahrheit »Unter hundert! Unter hundert!!!« gelautet hatte, in einen zweitägigen Klamottenkaufrausch verfiel. Die Klinik und Überlingen – das ist gewiß ein interessantes Kapitel, nicht ohne Ecken und Kanten. Aber sie ist unstreitig ein Wirtschafts- und Werbefaktor, mit fast zweihundert Mitarbeitern für hundertfünfzig Betten – das heißt, ganz so viele sind es nicht mehr, auch an der klassischen Klinik ist die Zeit mit ihren Einschränkungen nicht spurlos vorbeigegangen. Merken tut man aber nichts davon, wenn man hier ist – vor, nicht hinter den Kulissen.

Grandiositätsphantasien wechseln mit Anfällen von Demut ab, und sonst praktische Naturen fallen nach ein paar Fastentagen durch überraschende philosophische Gedankengänge auf, etwa über all die Menschen auf der Welt, die nichts zu essen haben – und hier: Also man kommt schon ins Grübeln! Die kulturelle Bedeutung des Fastens bei vielen Völkern und in vielen Religionen kann den Kummer dann etwas mildern, sie wird jedenfalls meistens ins Feld geführt, wenn jemand, ungewohnt dünnhäutig geworden, Zweifel über die moralische Berechtigung seines Aufenthalts äußert. Meine herzlose Bemerkung, die Hungernden der Welt hätten genausowenig davon, wenn man sich vollstopfe, wurde nicht recht akzeptiert. Man darf aber nicht verschweigen, daß nicht alle mit dem Fasten klarkommen. Manche betrügen sich selbst, in der Stadt, und beschweren sich dann heuchlerisch, manche packt einfach die nackte Angst, das muß man ernst nehmen. Der Hunger als traumatische Erfahrung ist bei manchen Älteren noch nicht aus dem Leben verschwunden, das Essen als Lebenstrost, als Belohnung für ein vielleicht ziemlich graues Dasein, der Speck als Mauer gegen die Einsamkeit. Man lernt sie mit der Zeit zu unterscheiden, die vielen Sorten Fett, die sich die Menschen aufpacken, schmelzbereites und beharrliches, fröhliches und trauriges, festes und schlappes. Eine Dame aus der Schweiz, wie eine Boterofrau schön geformt, verbringt täglich vier Stunden im Schwimmbecken, hin und her, hin und her, aber sie schwimmt sich nicht davon. Ein Faster, der ein ziemliches Gebirge abzutragen hat, schläft einfach. Er schläft und schläft, und die Schwester verrät, daß sie schon eine engere Blutdruckmanschette nehmen konnte. Er braucht den See nicht und die schönen Bäume im Park, er will sich gar nicht den Versuchungen unten im Ort aussetzen, die zu leugnen mir nicht einfällt. Das Heroische war mir schon immer fremd, und manchmal schwebt in knusprigem Panademäntelchen ein Schnitzel vor meinem inneren Auge vorbei, gefolgt von schlanken, zartgelben Pommes. Das gehört sich nicht, aber es ist halt so, und man muß es beim Schweben lassen.

Der Speck und die Seele: Es ist die jetzige Richtung der Klinik, und das ist logisch. Wo der Erzvater Buchinger noch an Knochen und Rheuma, schädliche Genußsucht und geschwollene Lebern zu denken hatte, denen er Heilung versprach, ist die Sache heutzutage vertrackter geworden.

Mittags, nach der Ruhestunde, gibt es den Tee mit einem winzigen Schüsselchen Honig. Ich habe mir oft vorgestellt, wie sie jetzt alle allein in ihren Zimmern sitzen, die ganz Wichtigen, die Banker und Industriellen, die Karrieredamen und Gastgeberinnen, die Mächtigen und Reichen, die Stars und Entscheidungsträger, die Altersflüchtlinge und Attraktivitätssüchtigen – alle, alle sitzen da und lecken ein Honigschüsselchen leer. Für die Seele, doch. Es sei nicht verschwiegen, daß die Erkenntnisschübe und tapferen Vorsätze nach der Rückkehr in die Alltage ziemlich schnell verwehen – das ist nun mal so. Deswegen wissen kundige Faster, daß sie wiederkommen werden.

Vom Kardamom die Kapsel macht
Einen Atem wie aus Tausendundeinenacht,
So anmutsvoll und süß und fromm
Riecht man mit etwas Kardamom.

EIN ERNSTES GETRÄNK: CHAMPAGNER

Im Stadttheater Regensburg gab es in den theaterseligen Zeiten nach dem Krieg einen Regisseur, der mit zwei Regieanweisungen auskam: einer für Tragödien und einer für Komödien und Operetten. Die für Tragödien lautete: Jetzt müßt amal wieder a Schroa (ein Schrei) kommen, und die für den ersehnten heiteren Rest der Kunst ging so: Leuteln, stoßts die Glaseln z'samm! Und trotz der schlechten Zeiten wäre keiner auf die Idee gekommen, in den Glaseln etwas anderes als Champagner zu vermuten.

Champagner ist ein poetisches Getränk. In der Phantasie, im Herzen und in den Träumen heißt alles, was in besonderen Situationen und spitzen Gläsern erscheint, Champagner, auch wenn es Sekt oder Zitronenlimo ist. Nein, wir wollen jetzt nicht auf den Leim der Puristen und Experten gehen, davon gibt es ja in unseren komfortablen, aber lamentierenden Zeiten immer mehr. Wir wollen nicht all die wunderbaren und traditionsgeschwellten – oder traditionssprudelnden – Marken und Legenden miteinander vergleichen, dafür haben wir Gourmetblätter und jene Herren an den Hotelbars der Welt, die uns mit Empfehlungen, ja geradezu Geboten und den entsprechenden Verboten langweilen, von »kann man nicht anrühren« bis »wenn es den nicht gibt, lieber Bier«. Wir erinnern uns an einen Filmbericht aus Ascot, während einer heftigen britischen Wirtschaftskrise, und an einen mageren Herrn, der einen mausefellfarbenen Zylinder trug und sagte: Crisis? You mean a champagne crisis? Davon also wollen wir gar nicht reden, sondern davon, was er eigentlich in sich trägt, der Champagner, der natürlich nicht sprudelt, sondern fein perlt, und dessen bleiches Gold (Blaßgelb? Durchsichtiges Elfenbein? Diamantgelb?) – die Farbbezeichnungen hängen vom Grad der Verliebtheit ab – immer an Wendepunkten des Lebens auftaucht.

Champagner ist ein ernstes Getränk. Man muß ihn sich verdienen, getauft werden (da sieht ihn der Erdenbürger zum erstenmal, und vielleicht steigt ihm der Duft in die kleine, unschuldige Nase) – oder Abitur machen, den Führerschein, den es im Fall des wohlverdienten Champagnergenusses dann fürs erste liegenzulassen gilt. Gesellenprüfungen und Silberhochzeiten, gewonnene Prozesse, glückliche Scheidungen, er ist für die Wechselfälle des Lebens Begleiter, Ermunterer und Tröster. Und natürlich: die erste gemeinsame Nacht.

Champagner markiert des Lebens Zäsuren, zunächst einmal scheint er auf die heiteren abonniert, aber wir sagten es: In Wahrheit ist er ein ernstes, respekteinflößendes Getränk. Wer ihn um sich schüttet und Schampus nennt, horribile dictu, ist seiner nicht wert. Ausgenommen von diesem Verdikt sind natürlich Sportler, sie tragen einen Kranz um den Hals und schütteln eine Flasche, die man nicht erkennt, und dann duschen sie mit dem Inhalt – was immer der sein mag. Auch da ist der Champagner eine behauptete Flüssigkeit, und es spricht Bände, daß diese Flaschen eine Werbetabuzone sind. Andererseits: Was kann so ungebärdig sein wie schlecht behandelter Champagner? Und es gibt Momente, da muß es knallen und an die Decke spritzen, und zwar mit echtem, sonst bringt es kein Glück.

Champagner ist eine Medizin. Meine Großmutter trank jeden Morgen ihr Gläschen, der Kreislauf, man kennt das, und einmal sagte sie, was haben die bloß gemacht, bevor der

Kreislauf erfunden war? Man ließ sie bei ihrer medizinischen Anwendung nicht allein, ihre Freundinnen kamen nach dem Einkaufen auf einen Sprung und bedurften sämtlich schneller Hilfe. Nicht, daß das was mit Alkohol zu tun hätte!

Die wunderbare Schauspielerin Lina Carstens saß jeden Morgen mit dem lebensverlängernden und -verschönernden Gläschen in der Maske und sagte jedem, der ihr Geheimnis langer und fröhlicher Schaffenskraft kennenlernen wollte: Trockenbürsten, meine Liebe! Trockenbürsten! Und ab und zu ein Gläschen Champagner. Auch sie bekam in der engen Schminkzelle viel Besuch, der sich gern belehren ließ. Kann es nicht auch Sekt sein? fragte ein senderweit bekanntes Sparbrötchen. Ach, sagte die Carstens, schon. Aber es ist was anderes. Gehört eher ins Studentenheim.

Und mir fiel eine wunderschöne Szene wieder ein, als in so einem Studentenheim einer süddeutschen Stadt meine Freundin fassungslos gickernd in mein Zimmer fiel und sagte, stell dir vor, komm ich zu dem ins Zimmer, und da hat er Tschaikowskis Klavierkonzert aufgelegt und eine Flasche roten Sekt im Waschbecken! So was passiert eben mit Sekt. Gar nichts dagegen zu sagen, aber eben: ganz was anderes.

Champagner ist ein familiäres Getränk. Man will Erfolge teilen und mitteilen. Auch die medizinische Seite des Getränks will familiäre Öffentlichkeit. Mein Großvater war Diabetiker und ein Snob. Er besaß einen kleinen, silbernen Champagnerquirl, eine Art Miniaturbesen, kalt durfte das Getränk auch nicht sein. Aber es mußte echt sein. Seine Lebensregel lautete: Übernimm niemals eine Bürgschaft. Unterschreibe niemals einen Wechsel. Trink nichts ähnliches, nur Champagner. Die Regeln wurden wohl der Reihenfolge nach mehrfach durchbrochen, und für viele Jahre blieb das königliche Getränk eine ferne Idee.

Manchmal wurde eine Flasche mitgebracht. Leider taten die Mitbringer mit den Worten: Sie ist schon kalt! ihre Absicht kund, das Geschenk mit den Beschenkten zu teilen, was die wiederholte Bemerkung meiner Mutter, in so einer Flasche sei eigentlich nichts drin, wieder einmal bestätigte. Mein Onkel Hans war beleidigt, wenn man ihm eine Flöte vorsetzte. In der brachte er seine imponierende Nase nicht unter, für ihn waren die Schalen bestimmt.

Champagner ist ein erwachsenes Getränk und ein Begleiter für jene, die dem Alleinsein gute Seiten abgewinnen. Was für den König Alkohol allgemein gilt, daß einsames Trinken von Übel sei, ist beim Champagner manchmal – oder immer – außer Kraft gesetzt. Den medizinischen Segensreichtum nannten wir schon, der psychologische ist nicht zu unterschätzen. Man trinkt ihn ja nicht in Schlafanzug und Puschen, man trinkt ihn nicht beim Fernsehen oder um sich die Schlaftablette zu sparen, man sollte ihn nicht unglücklich trinken, höchstens als Balsam für vernarbte Wunden. Die Es-war-Gedanken macht er angenehmer, die Es-hätte-sein-können-Gedanken bekommen Farbe und Witz, und die Es-war-schön-Gedanken beginnen zu glänzen. Nach einer halben Flasche sind dann die Das-war-absolut-noch-nicht-alles-Gedanken munter geworden, und derer wollte man ja habhaft werden.

In den Rest steckt man einen langen Stahllöffel, bevor man ihn in den Kühlschrank stellt, und am nächsten Tag kann man, wenn man will, das Rezept jener hamburgischen Köchin nachkochen: Sauerkraut macht man mit Champagner. Man kann auch einen Sauternes nehmen. Ganz arme Leute nehmen Mosel.

Wenn man das nicht ausprobieren will, weil man kein Sauerkraut mag – oder weil sich nun doch Besuch angesagt hat,
zu dem der Sauerkrautgeruch nicht recht passen würde –,
trinken kann man ihn noch sehr gut und dann noch eine auf-
machen, womit das Leben wieder von vorn beginnt.

In meiner kleinen Champagnergeschichte habe ich bisher
kein Sterbenswort über seinen Geschmack gesagt, und der
ist, könnte man meinen, das Wichtigste. Die Wahrheit: Ich
wage es nicht. Ich weiß gar nicht, wie er schmeckt. Er jagt
einem ein paar Kräusel den Rücken hinunter, und der Mund
zieht sich ein bißchen zusammen, dann stoßen die Leute verschiedene Laute aus, die schriftlich nur unzulänglich wieder-
gegeben werden können, etwa: Huhhhaa oder Uchchch prrrr
mmmh. Eines Jandl wäre es würdig, das Champagnergenuß-
liedchen!

Wenn man Glück hat, ist keiner von den Experten anwe-
send, keiner, der einen mit der Beschreibung seiner zahlrei-
chen Kellereibesuche langweilt. Ganz im Jetzt und Hier, ganz
voraussetzungslos wollen wir ihn genießen, irgendwas zu fei-
ern hat man sich schon vorher überlegt, oder einfach, daß
man auf der Welt ist. Oder den Lewis Carrollschen Nichtge-
burtstag, ein sehr empfehlenswertes Fest, das man an dreihun-
dertvierundsechzig Tagen im Jahr begehen kann, in Schalt-
jahren noch einmal mehr.

Wir haben zu wenig an die Walzerseligkeit gedacht, an die
fliegenden Röcke und die lackierten Herren und an die ganze
wunderbare alte Zeit, jenes mit Tanzkarten und Kriegserklä-
rungen angezündete Feuerwerk? Ja, es ist schade. Ersatzver-
anstaltungen können jederzeit gebucht werden, mit Hotelar-
rangement und eingebautem Musical. Gegen Aufpreis darf
man sogar mit Champagnergläsern schmeißen. Die Rekon-

struktionsindustrie ist auf einem hohen Stand. Der Artikel scheint gut zu gehen. Und er, der Champagner, muß immer mit, wie die Straußwalzer und die Lachscanapés. Der Kaviar, sein treuester Begleiter, macht sich rar. Aber der Champagner und die Lachse, jene gut züchtbaren Wasserferkel, sind aus nachwachsenden Rohstoffen. Darüber sollte man nicht meckern!

Noch immer muß die Flasche die Menschenhand wieder und wieder spüren, noch immer wird es irgendwie festlich, noch immer hält der Champagner als einziges Getränk der Welt jenes geheimnisvolle Gleichgewicht zwischen staatstragend und anarchistisch. Unvergeßlich jenes Grüppchen Demonstranten gegen die SS 20, die im Gewühl des Bonner Hofgartens eine köstliche Flasche in Plastikbecher einschenkten und von den Birkenstocks angegiftet wurden, weil sie »Champagner für alle!« riefen (nicht Schampus!). Bakunin liebte ihn und der Zar, er besiegelt den Aufstieg der Parvenus und den Abstieg der Aristokraten, und wenn's andersrum geht, ist er auch dabei. Und an Silvester bekommt das Kind ein Fingerhütchen voll und denkt, so schmeckt es, wenn man erwachsen wird.

Schwarz oder weiß, grün oder rot –
Puder, Körnchen oder auch Schrot
Pfeffer, der Treffer, schärft alles Fade,
Sogar Schokolade!

DAS GROSSE UND DAS KLEINE FRESSEN

Vielleicht waren die kalten Buffets der Wirtschaftswunderzeit, von denen mir meine Eltern erzählten, die Fortsetzung des Krieges mit friedlichen Mitteln. Angriff, Nahkampf, Stellungsschlacht, eisernes Beharren auf gewonnenem Terrain – alles wie gehabt. Diesmal ging es um Berge von Eßbarem, die endlich wieder verfügbar waren und um die erbittert gefochten wurde. Die Kombattanten trugen schwarze Anzüge und Cocktailkleider und trieben Schneisen der Verwüstung durch Wurstplatten und Salatgebirge. Meine Eltern staunten. Sie waren schüchtern und nicht kampferprobt, deswegen mußten sie nach solchen kulinarischen Feldzügen tagelang sehnsüchtig darüber reden, was es gegeben hatte und was ihnen alles entgangen war. Die wiedererstehende gesellschaftliche Elite wurde von Mayonnaise zusammengehalten. Mayonnaise war der Mörtel der fünfziger Jahre.

Buffets blieben ziemlich lang in Mode, ich erinnere mich an eine Buchvorstellung in den seligen Siebzigern. Sie fand auf einem Schiff in Hamburg statt, und das Buffet erstreckte sich über die ganze Länge des luxuriösen Kahns. Das Mittelstück: ein festlich herausgeputztes Schweinchen, das die Beine in die Luft hielt. Es war eng auf Deck, Dichter, Verleger, Kritiker, die Elite der Kultur weiblichen und männlichen Geschlechts mußte sich drängeln. Ich sah nur Rükken. Als die Menge sich lichtete, fiel mein Blick auf ein Ferkelgerippe. Im Maul steckte noch die Zitrone. Die Ohren waren weg. Das Buch, das auf diese Weise gefeiert wurde, hieß übrigens *Love story* . Es war jene gefühlvolle Geschich-

te von Eric Segal, die dann im Kino Ströme von Tränen fließen ließ.

Etwa zur selben Zeit lernte ich die sozialistische Variante
des Buffets kennen, auf einer Pressereise in Bukarest. Die Tische brachen schier zusammen unter der Last der Speisen.
Das Zentrum war in diesem Fall ein mit Kaviar gefüllter
Schwan aus Eis, dem langsam Tränen herunterrannen. Wahrscheinlich trauerte er um verlorene Ideale. Der Bukarester
Bevölkerung war Essen dieser Art noch nie unter die Augen,
geschweige denn auf den Tisch gekommen.

Die Teller damals waren groß, und man hatte die Fähigkeit entwickelt, sie vertikal zu beladen, aber so, daß man die
Fülle der Speisen heil zum Platz bugsieren konnte. Das klapp-
te nicht immer, aber das machte nichts, es war ja genug da.
Wie bei einer Schichttorte wurden verschiedene Salate von
Mayonnaise zuverlässig zusammengehalten, darüber kamen
Lachs, Schweinsbraten, Roastbeef, nochmal Lachs, weil man
den Graved erst zu spät entdeckt hatte, ein Alibisalatblatt,
etwas Gratin, das seine Hitze an die unteren Schichten ab-
gab, ein schwindelnd schwankendes Hühnerbein obendrauf.
Käse balancierte am Rand. Es war üblich, mit dem benutzten
Teller Nachschlag zu holen.

Eigentlich waren der Krieg und seine Ängste lange vorbei,
aber etwas davon schien sich gehalten zu haben, vor allem
bei den Poeten. Wer Dichter kennt, weiß: Sie fühlen sich ein
Leben lang nicht ausreichend geachtet, egal, wie berühmt
und preisbeladen sie sind. Damals, als noch unschuldige Üppigkeit bei öffentlichen Anlässen wie zum Beispiel der Buch-
messe regierte, waren Buffets eine Möglichkeit, sich zu trö-
sten, sich geliebt, belohnt, erhoben zu fühlen. Akribisch wurde registriert, was angeboten wurde. Ohne Lachs nichts los!

Nur Magenkranke hörte man gelegentlich murren, da würde es nun verfressen, von Kreti und Plethi, das Geld, das eigentlich ihnen gebührte, den wirklichen Dichtern. Mißlaunig wurde aber auch vermerkt, wenn es nur Brezeln und Nudelsalat gab.

Von den Tischen der Damen und Herren Autoren, Verleger und Kritiker fielen Brosamen. Jene, die sich vom Rand der Gesellschaft her mitten zwischen die Wichtigen geschmuggelt hatten, freuten sich darüber. Tips, wie man bei Hanser, Fischer, Bertelsmann oder Suhrkamp am besten an die teuren Tröge kam, wurden heiß gehandelt. Wer unter dreißig, weiblich und ansehnlich war, hatte sowieso kein Problem.

Zwischen den Fünfzigern und den frühen Neunzigern war die große Zeit der Buffets. Erst waren sie kalt, dann wurden sie teilweise warm. Die sonderbare Mischung aus Ängstlichkeit (der Lachs ist gleich alle!) und Gier (da geht noch ein Stück Rehrücken drauf, obwohl es eigentlich nicht zum Matjessalat paßt) starb nicht aus, trotz des wachsenden Wohlstands, das konnte man immer wieder sehen. Das repräsentative Mittelstück, geschmückt, geschnitzt, liebevoll arrangiert, war meines Erachtes eine unbewußte Reminiszenz an den Feudalismus. Zwar wären echte Schwäne oder Pfauen mit vergoldeten Federn wahrscheinlich nicht gut angekommen, geschmückte Schweine, auch als Schinken mit der entsprechenden Dekoration oder ganze Fische, die von der Festgesellschaft piranhahaft skelettiert wurden, durften es schon sein.

Ganz früher waren Schinkenröllchen und Russeneier hochbeliebt. Der wunderbare Gerd Dudenhöffer alias Heinz Becker hat den Schinkenröllchen – sie bestanden aus einer um drei nasse Büchsenspargel gewickelten Kochschinkenscheibe – ein TV-Denkmal gesetzt. Russeneier waren mit Fleischsalat gefüllt, sie sind noch heute die heimliche Liebe mancher Freßnostalgiker.

Der Einladung eines Buffets, sich für lau über Stunden den Bauch mit einer absonderlichen Mischung aus Essen vollzuschlagen, konnten auch Asketen nicht widerstehen. Ich erinnere mich an einen mageren Chefredakteur, der, wenn er selber beim besten Willen nichts mehr hineinbekam, mit dem Rücken zum Buffet blind und wahllos Speisen in eine mitgebrachte Plastiktüte schob. Die alten Nachfahrinnen eines einst regierenden Hauses hatten mit der gleichen Absicht ihre Handtäschchen speisenfest ausgestattet. Im Lauf der Jahre bildeten sich Buffetcharaktere aus, die ungestüm gierige Unmittelbarkeit wich strategischem Verhalten. Männer und Frauen entwickelten sich unterschiedlich. Bei den Frauen war die Sache leicht zu unterscheiden – es gab Mitbringenlasserinnen und Selbstversorgerinnen. Eine besonders geniale Mitbringenlasserin war jene zarte Lyrikerin, die den Zumutungen eines kalten Buffets nicht gewachsen zu sein schien. Andererseits drohte sie ohne umgehende Nahrungszufuhr umzusinken, so elfengleich war sie. Die anwesenden Männer benahmen sich daraufhin, als gelte es, ihr das Leben zu retten. Jeder wollte dabei der erste sein und stellte ihr liebevoll allerlei Schmackhaftes zusammen. Einmal sah ich sie vor fünf überfüllten Tellern sitzen, die ihr von ihren Buffetpaladinen fast gleichzeitig gebracht worden waren.

Das ißt du jetzt gefälligst alles auf, sagte ich.

Ich war notgedrungen eine Selbstversorgerin am Buffet, es gebrach mir an Hilfsbedürftigkeit. Außerdem sah ich leider nicht so aus, als würde mir Nahrungsentzug schaden. Deswegen war ich neidisch auf das poesieverfassende Reh.

Buffets sind so vulgär! sagte es seufzend.

Natürlich gab es auch die Mütterlichen, die ganze Tische versorgten. Zu denen gehörte ich nicht. Sollte doch jeder sehen, wie er zu seinem Futter kam!

Es gab die Störer, die sich Oeufs Mousseline oder Roastbeef direkt vom Buffet unter Umgehung eines Tellers in den Mund steckten und dabei plapperten, so daß ein Stau entstand. Es gab Strategen und Chaoten, die einen kamen von der Mitte her, weil vorn nur uninteressante Magenfüller aufgebaut waren, die anderen fingen mit dem Dessert an. Es gab die Zimperlichen, die nicht müde wurden, über Verschwendung und die unbekömmlich späte Stunde zu lamentieren, es gab die Vergleicher, die ungefragt aufzählten, wo überall sie echten Kaviar bekommen hätten – nur eben hier nicht, schauen Sie mal, Kartoffelsalat! Das geht doch gar nicht! Natürlich waren auch an den Buffets die Diäthäsinnen unterwegs mit ihren Grünzeugtellern und verdarben einem die Laune, indem sie unser Erbeutetes inspizierten: Was, das vertragen Sie alles?

Irgendwann kam eine stille Revolution. Aufgefallen ist mir das eines Abends in den frühen Neunzigern, in München. Wieder ging es um eine Buchvorstellung, und mein Freund Peter, der leider nicht mehr lebt, schaute sich, nachdem die Reden überstanden waren, mißtrauisch um:

Wo ist denn was zum Essen? fragte er.

Da war nichts. Die vertrauten Aufbauten, das Mittelstück – nichts da. Auch kein Vorhang, hinter dem sich was Schönes hätte verbergen können. Man hielt sich an den weiß gedeckten Stehtischlein fest und schaute unauffällig um sich. Es nahten Mädchen mit Tabletts, auf denen sehr kleine Nahrungsmittel in sehr kleinen Gefäßen arrangiert waren, man konnte

gar nicht richtig erkennen, was es war. Peter hielt eins der
Mädchen am Arm fest und nahm ihr freundlich, aber bestimmt das Tablett ab.

Des könnens gleich dalassen! sagte er.

Wir verbrachten den Abend, indem wir fingernagelgroße
Bratwürstel aßen, die mit einem Sauerkrautfaden und einem
Senfatom garniert waren. Die Mädchen mit den Platten machten einen Bogen um unseren Tisch. Peter verfügte, daß wir
ins *Franziskaner* gehen würden, um den Abend mit erwachsenen Bratwürsten zu beenden.

Ja, das war der Anfang einer eigentlich rührenden und be-
ruhigenden Entwicklung. Da war nichts Kämpferisches oder
Strategisches mehr zu sehen, die gesellschaftliche Elite begab
sich zurück in die Kindheit, in die Puppenküchen, ins Mär-
chen. Wer hat von meinem Tellerchen gegessen? Der Anblick
mächtiger und für ihre Arroganz berühmter Banker oder In-
dustriellenwitwen, die aus Schnapsgläslein ein Suppenpfütz-
chen saugen oder kirschgroße Frikadellen von Puppentellern
essen, hat etwas Bewegendes. Kulinarische Miniaturenge-
stalter hatten und haben Hochkonjunktur, auch die Geschirr-
und Besteckindustrie läßt sich eine Menge einfallen, Schüsselchen und Näpflein in allen Formen, nur winzig müssen sie
sein, für die mit Taboulé gefüllte Minitomate und das Kräu-
terschäumchen. Wachtelspiegeleier auf einem Teelöffelchen
Spinat. Babylammspießchen. Es wird einem ganz anders bei
diesem Ansturm von Diminutiven. Am irrwitzigsten sind die
Löffel mit dem geringelten Stiel, von denen Vorstandsvorsitzende und Headhunter mit gespitzten Mündchen eine Mi-
niaturgarnele in Blätterteig an Sauerampferjus naschen. Ein
Löffelchen für Mami, ein Löffelchen für Papi und ein Löffelchen für die Deutsche Bank.

Beim Buffet alten Stils war man irgendwann satt. Vom sogenannten Fingerfood wird man es nie, obwohl man sich wundern würde, welche Kalorienmengen man mit diesem Lilliputaneressen zu sich nimmt. Warum es wohl Fingerfood heißt? Wahrscheinlich, weil keine Portion größer als ein sehr kleiner kleiner Finger sein darf. Denn mit den Fingern essen kann man vieles davon gar nicht unfallfrei, zum Beispiel die auf Pralinengröße geschnittenen sehr beliebten Quiches. Oder all die Schäume.

Aber friedfertig und gelassen macht das Puppenessen, denn man hat den ganzen Abend über die Hoffnung, das Beste werde noch kommen.

Manchmal ist das eine in der Nähe des Veranstaltungsorts gelegene Currywurstbude.

Die Augen Zimt,
Die Haut wie Zimt,
Ihr Duft: nach Zimt!
Die Frau war ihm vorherbestimmt.

EIN WEIN VOLLER WEINE

Der verlangt einiges, so wie er da steht, das sieht man gleich. Wie lang ist es her, daß ich mir sowas habe gefallen lassen? Egal. Ich bin jedenfalls in den Keller gegangen und habe die Karaffe mit dem dicken Bauch gesucht und diese blöden Gläser, die nicht in die Spülmaschine passen. Man hat ja alles. Man braucht es bloß nicht. Schon fängt die Sache an, nach Auserwähltheit zu riechen, nach Zelebrierung, nach Sekte. Sachte sträubt sich mein Fell.

Er hört auf den Namen *Mazy – Chambertin Grand Cru* und kommt aus dem Burgund, von der Domaine Armand Rousseau. Geboren ist er 1993, das war das Jahr, in dem ich mit dem Weißweintrinken aufgehört habe. Weißwein war das Getränk meiner Mutter, wir tranken zusammen Weißwein bis zu ihrem plötzlichen Tod im Dezember 92, wir mochten die gleichen Weine. Ohne sie schmeckte er mir nicht mehr. Mir wurde schlecht davon, und nervös war ich sowieso. Plötzlich verstand ich das böse kleine Verslein der österreichischen Kaiserin Elisabeth, genannt Sisi – *Für mich keine Liebe / Für mich keinen Wein / Die eine macht übel / Der andere macht spei'n.*

Indessen habe ich den Burgunder aus der Flasche mit dem altmodischen Etikett langsam in die Karaffe laufen lassen. Am Flaschenboden bleibt dunkler Satz zurück. Ich halte die Karaffe gegen das Licht. Sonderbare Farbe. Wie Herbstblätter. Er ist nicht *hell und klar*, wie seine jüngeren Nachfolger im Internet beschrieben werden. Er riecht auch nicht nach Johannisbeeren. Wie er riecht, weiß ich noch nicht genau. Weinbeschreibungen sind, Geschmack und Geruch begreiflich machen wollend, meistens sehr komisch.

In einem Hofladen irgendwo in der Nähe von Neustadt in der Pfalz habe ich damals ein paar Flaschen simplen Biorotwein gekauft, denn wenn man schon elternlos ist, will man nicht auf Dauer auch noch weinlos bleiben, zumal, wenn man aus einer Winzersippe stammt. Und der harmlose Dornfelder erwies sich als Segen, ein wärmendes Deckchen, das sich über meine Unruhe und Traurigkeit legte. Schlafen konnte ich auch wieder. Nie zuvor hatte ich mir etwas aus Rotwein gemacht, obwohl meine Urgroßmutter eine *bordelaise* gewesen war. Man hatte damals sehr umsichtig geheiratet, die Rotweinfrau aus Bordeaux den Rieslingmann vom Rhein.

Jetzt habe ich das erste Glas vom Burgunder eingeschenkt, ich lasse ihn ein bißchen kreisen, mein Weinkennerfreund Dr. P. würde jetzt seine Nase ins Glas halten, dann schlürfen und ziepschen und wälzen und kauen und schlabbern, es wäre ein schreckliches Getöse. Ich trinke einfach und warte. Er schmeckt irgendwie braun.

Bordeauxweine mag ich nicht. Ich mag überhaupt offenbar das nicht, was man *große Weine* nennt. Wie oft habe ich, um Gastgeber nicht zu enttäuschen, die gängige Genußprosa von mir gegeben und mir als Gegenleistung sterbenslangweilige Geschichten über Fundort, Entdeckung, Erwerb, Verkostung und sonstige Weinfolklore angehört. Vor allem Rotwein setzt in vielen Menschen die Angebermaschinerie in Gang, weiß der Himmel, warum. Selbst über Geld reden sie in dem Zusammenhang ungeniert.

Jetzt bin ich beim zweiten Glas und versuche, dem Geschmack auf die Schliche zu kommen. Dunkle, etwas matschige Brombeeren. Die Farbe *braun* fällt mir aber immer wieder ein, etwas Herbstliches, nicht mehr Vitales legt sich mir auf die Zunge. Kann man Alter trinken? Macht einen das jünger? Burgunder *macht* etwas mit einem, hat Sch. gesagt. Daran muß ich jetzt denken, obwohl er es sicher anders gemeint hat.

Meine Winzersippe in Rheinhessen gibt es schon lang nicht mehr. Sie waren allesamt ungestüm feiernde, leidenschaftliche und unernste Menschen, temperamentvoll und bezaubernd. Meine Mutter, die ihr entstammte, wünschte sich zeit ihres Lebens etwas von diesem leichten Binger Blut. Das hatte sie nicht geerbt. Nur die Kurzlebigkeit all dieser wunderbaren Leute, meiner Mutter gelang es als einziger, wenigstens die sechzig zu überschreiten.

Ich weiß gar nicht, ob sie dort überhaupt Rotwein anbauten. Der kam damals aus Ingelheim oder von der Ahr und sollte bei unerfülltem Kinderwunsch helfen.

Mein Onkel Battist behauptete, daß das klappe. Man müsse die Frauen nur für ein Wochenende zum Rotweintrinken dorthin schicken. Die Winzer würden schon für Erfolg sorgen. Damals wußte ich nicht, wovon die Rede war. Aber Wein kannte ich, den weißen, der in der grünen Flasche ohne Etikett oder gleich im Glaskrug auf dem Tisch stand. Ein Schluck kann dem Kind nichts schaden. Daß ich von Anfang an keinen süßen Wein mochte, gefiel der Sippe. Die wird's zu was bringen!

Das Glas ist leer, ich fülle es wieder, der dunkle Spiegel in der Karaffe ist gesunken. Ein bißchen warmes Brot mit Salz wäre jetzt nicht verkehrt. Der Burgunder schmeckt ernst und gravitätisch, kommt aber in meinem Inneren mit einer gewissen Fröhlichkeit an. Und er holt eine Menge Rotweinerinnerungen zurück, Erinnerungen an seine einfachen, volkstümlichen Brüder, im Schwäbischen, im Badischen, in Frankreich, Italien, Rumänien, Ungarn, ja, sogar in Thailand. In diesen Erinnerungen kommen keine *sommeliers* vor, sondern dicke Wirte mit Schweiß auf den Backen und dreckigen Schürzen. Oder dünne, dunkle Zigeuner. Oder alte Frauen mit Steingutkrügen.

Wie schön, ein Wein, der mir sonst wahrscheinlich nicht begegnet wäre und der noch immer fremd schmeckt, erzählt mir Geschichten von seinen armen Verwandten!

Joachim Fest hat einmal zu mir gesagt, wer deutschen Rotwein trinke, könne nicht als kultiviert gelten. Ich habe nichts geantwortet. Für ein Weinselbstbewußtsein war ich damals noch zu jung, es ist wie bei der bildenden Kunst: Wenn man nichts mit den angepriesenen Dingen anfangen kann, fühlt man sich inferior und schuldig und plappert lieber jeden Unsinn nach, als sein Unverständnis fröhlich zuzugeben.

Mein Weinkennerfreund Dr. P. duldet milde lächelnd, wenn ich mich in die Weinniederungen begebe.

Ach, Südtirol, sagt er dann. Oder: Zu dem müssen Sie doch nicht auch noch Wasser trinken!

Er gehört zu den Menschen, die sehr exklusive Weinproben besuchen und in normalen Lokalen lieber Bier bestellen. Müßte er zu sich nehmen, was mir das Leben leichter und schöner macht, würde er verzweifeln. Allerdings bleibt ihm nicht verborgen, wieviel Lug und Trug in der Welt der edlen Kreszenzen zu finden ist. Darüber kann er so spannend erzählen wie über Seeschlachten oder Schopenhauer. Manchmal veranstaltet er selber Weinproben, bei sich daheim. Ich gehe da sehr gern hin und bringe mir ein harmloses Fläschchen mit, damit ich den Kennern die Juwelen nicht versehentlich wegtrinke. Ich höre neugierig zu, wenn die Herren über die Weine reden, über Lagen, Domänen und Jahrgänge, über Abgang und allerlei Noten, über schwarze und rote Früchte, Holz, Schokolade, über Leder und Pfirsiche, ein ganzes Universum olfaktorischer Behauptungen blüht auf und schwingt durch den Raum. Dies ist Weinpoesie, keine Folklore und keine Angeberei. Sie können das alle gut, die Freunde des Herrn Dr. P.

Es ist aber auch schön, allein mit einem Wein, meinethalben diesem sonderbar erwachsenen Burgunder zu sein und sich ihm ganz ohne Geschmacksassoziationen zu überlassen. Ich finde zwischendurch, daß er schmeckt, wie es riecht, wenn man einen Schrank aufmacht, in dem altes Silberzeug steht. Vielleicht ist es indessen ein bißchen viel Wein, die Erinnerungen fliegen mir um die Ohren, und daß mir so oft Wein beim Heimtransport gestorben ist, fällt mir ausgerechnet jetzt ein. Dem fremden Burgunder gelingt es, alle wieder auferstehen zu lassen, den Roten aus Elba, den aus Cetate, den aus Lourmarin. Mit heimnehmen hatten sie sich nie lassen, kaum waren sie über die Grenze gelangt, hatten sie ihre Seele ausgehaucht.

Sogar an die Weißweine der Vergangenheit kann ich wieder ohne Traurigkeit denken.

A wine full of wines – so hätte Signora F. gesagt, ihr Lob über ein Buch lautete nämlich so: A book full of books.

Die Karaffe ist fast leer. Zeit, sich zu verabschieden vom Burgunder, der mit mir etwas gemacht hat, was sonst nur Musik oder Bücher können. Er war wie jemand, den man nur einmal im Leben gesehen hat, aber nicht vergessen wird. Ein bißchen anstrengend, dieser Fremde. Aber er hinterläßt eine große Freude aufs Alltägliche, und das ist nun wirklich eine Kunst.

Es bildet ein Talent sich in der Stille
Des Puddings. Das ist die Vanille.
Doch nur die echte tut sich wirklich lohnen –
Die königliche schwarze der Bourbonen.

BEERENLESE

Jeden Tag kommen mehr Eimer ins Haus. Geriffelte, rostige Blecheimer, von kugeligen Frauen an der Tür abgegeben, sie sagen: Sechs Liter! oder: Heit sans achte! entweder bekümmert oder triumphierend. Über den Preis lassen sie nicht mit sich reden. Die Wohnung riecht bis ins Klo, als säße man im Inneren einer Himbeere. Himbeerrot, wie es angeblich der Pullover im Kaufhaus Rothdauscher sein soll, ist plötzlich eine fragwürdige Farbe. Denn entweder der Pullover ist es nicht oder die Himbeeren. Beide Farben, das kann jeder sehen, haben überhaupt nichts miteinander zu tun.

Und das Himbeereis machen sie auch aus was anderem, sage ich zu Kitty. Das sieht man doch ganz deutlich.

Wahrscheinlich aus Zahnpasta, sagt sie zerstreut, und ihr Blick geht über viele Eimer voll roten Samtes, auf dem es sich weiß ringelt.

Uh! sage ich. Äh. Würmer!

Das sind eigentlich nicht direkt Würmer! antwortet Kitty, noch immer nicht bei der Sache, weil in ihrem Kopf die undurchschaubaren Umwandlungen der Eimer in Flaschen und Gläser und des sehr vergänglichen, ja, geradezu sichtbar vermatschenden und hinschmelzenden Eimerinhalts in etwas nahezu Ewiges stattfinden.

Ja, wir beugen uns weit zurück in eine Zeit, wo noch nicht in Bad Schwartau aus einer einzigen, riesengroßen Himbeere eine einzige, riesengroße Marmelade für Europa und Übersee gemacht wurde.

Es sieht zwar aus wie Würmer, sagt Kitty, deren Berech-

nungen zu irgendeinem Abschluß gekommen zu sein scheinen, und sie läßt fürs erste den Gedanken an mögliche Katastrophen beiseite, zum Beispiel, daß die Hausmädchen ihre
Tage haben und nichts davon sagen, so daß wenig später alle
Gläser aufgehen, wie man weiß.

Es hat nur den Anschein, als seien es Würmer, sagt sie in
die Eimer hinein, wo die Anscheine zeigen, daß sie einen Anfang und ein Ende haben, der Anfang nämlich ist ein schwarzes Pünktchen, das heben sie und schwenken es suchend hin
und her. Ihre Verwandten können sie nicht suchen, denn immer mehr von ihnen kommen aus der erstickenden Tiefe der
Eimer hervorgekrochen und zeigen sich den Obengebliebe-
nen.

In Wirklichkeit sind sie nichts als Himbeeren. Woraus sonst
sollen sie bestehen? Das frage ich dich. Du bist doch gut in
Naturkunde. (Biologie hieß, solange es irgend ging, Naturkunde. Man schaffte den Namen ab, als er sich immer schwie-
riger erklären ließ.)

Wenn sie nur Himbeeren sind, sage ich, warum sehen sie
dann nicht wie Himbeeren aus?

Ach, antwortet sie und blickt in eine Ferne, von der sie
denkt, daß ich nicht weiß, was in ihr vorgeht. Ich weiß es aber
ganz genau, denn mein Großvater, ihr Mann, hat sich vor
kurzem in eine Telefonstimme verhört, dunkel und schwer
wie Marsalawein, hat er in einem unvorsichtigen Moment
gesagt, und alle waren froh gewesen, als er die Stimme eingeladen hatte und ihre Besitzerin ganz und gar nichts von
dem hielt, was sich indessen nicht nur mein Großvater ver-
sprochen hatte. Nein, das ist ein Gestell, hieß es allgemein,
mach dir keine Sorgen, Kitty, wenn unten im zweiten Stock
im Büro was passiert, hörst dus oben klappern.

Ach, weit gefehlt! Sie war dunkler Marsalawein und sah deshalb auch entsprechend aus, basta.

Wieso ist das so schwer zu verstehen? sagte Kitty. Sie sehen zwar nicht genau wie Himbeeren aus, aber sie sind immer in der Himbeere gewesen, sie leben in Himbeere, sie essen Himbeere, folglich sind sie es. Du könntest sie übrigens absammeln! Ich verschwinde sehr schnell. Deshalb bleibt mir auch die erste Phase des Umwandlungsprozesses verborgen.

Man kann Schnaps daraus machen! sagt Battist und schaut angeregt in die Eimer. Da macht das mit den Maden nichts aus. Der Alkohol reinigt alles.

Battist ist Kittys Bruder, ihr jüngerer Bruder, einsneunzig, zweizentnerdreißig und kahl wie ein Apfel, aber nicht, weil er keine Haare hätte, sondern weil ihm jeden Morgen der Friseur den Schädel rasiert. Battist heißt eigentlich Jean-Baptiste und haßt Zeitverschwendung. Kämmen ist Zeitverschwendung. Battist ist reich und mächtig, alle Mädchen in ganz Rheinhessen sind ihm verfallen, ach! und Battist haßt das Neinsagen ebenso wie Zeitverschwendung. Gott sei Dank bleiben all die tausend Lieben folgenlos, auch die erlaubte, leider. Das macht aber gar nichts. Ich reiche zu dieser fernen Beerenzeit Battist bis zum Knie und weiß über alles Bescheid.

Schnaps! sagt seine Schwester liebevoll. Das kannst du daheim machen. Hier wird Saft und Gelee gemacht, das heißt, wenn das Gelee fest wird. Sonst eben nur Saft.

Ah, dieser Saft! In reinem Weißwein angesetzt, schieden sich die Früchte rasch von ihren unähnlichen Ebenbildern, welche bald reglos oben schwammen und abgeseiht werden konnten. Der Wein zog die Farbe aus den Beeren und wurde dunkelrot, wie Blut tropfte es aus dem über einen umgedrehten Schemel gespannten Tuch in die Schüssel. Das wurde dann mit Zucker dick gekocht, ein paar Tropfen davon in kaltes Wasser: Sommer mitten im Winter.

Kinderkram, sagt Battist. Ich fahr ins Elsaß. Sie mochten ihn dort, wegen seines Namens und seines schönen, dem ihren ähnlichen Niemandslanddialekts – und weil er wunderbar Klavier spielen konnte. Wenn er gewußt hätte, was ich wußte. Nämlich, daß hinten im Bügelzimmer ein fünfundzwanzig Liter fassender Steintopf mit einem schweren Holzdeckel stand, dessen Boden gerade mit den Vorgängern der verewigten Himbeeren, nämlich Erdbeeren, bedeckt war. Es fiel niemandem auf, daß die Schicht etwas dünner geworden war, im Warten. Wenn man nämlich eine oder mehrere dieser mit Rum und Zucker konservierten, seltsam bleichen Beeren lutschte, bekam man einen angenehmen Zustand. Nein, davon wußte Battist nichts, und ich sagte es ihm auch nicht, weil die ganze Familie sicher, ja, felsenfest überzeugt war, daß ich von dem Topf keine Ahnung hätte und überdies sein Deckel für mich viel zu schwer sei. Damals erfand ich das Hebelgesetz.

Die Erdbeeren: keine Walderdbeeren (die nimmt man für die Bowle), sondern dicke Senga Sengana, vorsichtig von ihren Strohbettchen geholt, auf die sie im Beet wegen Übergewichts zu sinken pflegen.

Im Grund, sagt Kitty regelmäßig am Jahresende, wenn alle einen schweren, mittäglichen Dessertschwips haben, ist es egal, was man reintut. Es schmeckt alles gleich und sieht alles gleich aus. Aber so darf man eben nicht denken. Und Battist – der zwischenzeitlich wieder in seine Weinberge und zu den rheinhessischen Mädchen sowie zu seiner Frau Annchen zurückgekehrt ist, läßt durch den Mund seiner Schwester verkünden: Vielleicht sollte man doch Schnaps draus machen! Aber was gibt es dann bei der Gans zum Nachtisch?

Noch aber ist Sommer, die Schichten im Rumtopf wollen trotz jahreszeitlich sorgfältigen Nachfüllens nicht so wachsen, wie sie sollen, Kitty blickt nachdenklich in das Dunkel des steinernen Topfes, und ich erfinde mürrisch die Abstinenz, mindestens bis zu den Stachelbeeren. Die Stachel- sowie die Johannisbeeren kommen von den Sudetendeutschen. Die wohnen am Stadtrand, und einmal im Jahr sind wir mit denen verwandt. Sie nennen Beeren Bären, und ihr Lieblingslied handelt vom »Vuglbärbaam«, welcher bei uns Vogelbeerbaum heißt und keine Rolle spielt, weil er nichts zum Rumtopf beizutragen hat, und nie hat Kitty seine Früchte in eine Bowle getan, trotz ihrer Experimentierfreude und Durchsetzungskraft, für die eine nicht sehr beliebte, aber beharrlich alljährlich wiederholte Brombeerbowle der Beweis ist.

Also: Es gibt rote, weiße und schwarze Johannisbeeren. Die Sudetendeutschen haben mehr rote als schwarze, was vernünftig ist, weil die schwarzen nach Katzendreck und die weißen nach gar nichts schmecken. Kitty zieht etwas an, das sie für ländlich hält (ein paspeliertes Jäckchen von Wallach in München), und die festen Ballyschuhe mit den Korkabsätzen.

Wir nehmen unsere eigenen Schüsseln mit, sagt sie. Herr Küther bringt uns hin.

Herr Küther ist Fahrer, und an Weihnachten schmückt er den Christbaum. Er tut sonst noch manches, aber dort, wo wir jetzt hinfahren, fährt er nicht gern hin. Da könne er dann gleich wieder den Wagen waschen, sagt er.

Im Kofferraum klappern die Schüsseln. Du mußt nichts essen, was du nicht essen willst, sagt Kitty zu mir. In Wirklichkeit meint sie, daß sie dort nichts hinunterbringt, weil sie glaubt, daß das Besteck nicht ordentlich gespült ist, und überhaupt, aber das sagt sie nicht.

Das Auto wird am Abend weiß von Staub sein, und wie immer wird man nicht rausgekriegt haben, was sie denken, die Sudetendeutschen. Es sind viele Brüder, die zusammen zwei Oberkieferprothesen haben, so daß man nur mit denen reden kann, die sie grade tragen, während die anderen stumm und verhungert aussehen. Frauen haben sie aber trotzdem und viele Kinder, jedes Jahr werden die herausgesucht, die im Alter zu mir passen, damit wir uns gegenseitig anschweigen können. Sie wohnen alle nah beieinander, in kleinen, verstockt aussehenden Häuschen, die sich in pico bello gehaltenen Gärten verkriechen.

Pico bello! sagt Kitty, während sie die Armee der Beerensträucher mustert, unter denen in graden Reihen Kohlrabi und gelbe Rüben, Erbsen und Porree wachsen und manchmal ein rot-grüner Rhabarberbusch. Pico bello! die Ordnung, also von der können sie hier noch was lernen.

Offenbar haben die Sudetendeutschen nie genug zu essen. Entweder wird grade was aufgetragen oder abgeräumt, aber immer wird drüber geredet. Nur nicht, wenn es gegessen wird. Dann ist Ruhe.

Na, dann wollen wir mal, sagt Kitty, nein, danke Fanny – nicht Fanny? Gerti?, ach so, Marga!, entschuldige, nein, jetzt keinen Kaffee. Ich kann sonst nicht schlafen. Wir pflücken lieber, wenn ihr erlaubt.

Und Herr Küther lädt schlecht gelaunt ein Säckchen Südzucker aus, als Gegenleistung. Mit kleinen Schemeln ziehen wir zwischen die Reihen der Sträucher, alsbald wird es still, denn die Sudetendeutschen trinken jetzt ihren Kaffee allein. Sie wissen, daß er ihnen nicht den Schlaf rauben wird.

Es ist still, und Kitty hat ihr ländliches Jäckchen an einen Baum gehängt. Die Nylons werden von den Stachelbeeren angegriffen und schnell zur Strecke gebracht. Die Stachelbeeren sind klein, glasiggrün und ziemlich sauer. Oder sie sind groß, gelb bis traubenrot, matschig unter harter Hülle und süß. Die kleinen sauren Teufel sind gut für Gelee. Die anderen seien eher zum so essen, sagt Kitty. Von einer Stachelbeerbowle halte sie nichts, vertraut sie mir an. Wenn die haarigen Dinger in der Flüssigkeit herumschwämmen, sagt sie, also das sähe so – ja also – jedenfalls seien es nicht die geeigneten Beeren.

Ich mag sie, weil sie ja auch das ersehnte Ende meiner Rumtopfabstinenz markieren – aber das sage ich natürlich nicht. Das einzige Geräusch, das man hört, ist zunächst das Summen, wie es in einem fast eingeschlafenen Sommergarten ganz normal ist. Das träge Flattern der Hühner in der Sandkuhle und ihr rro? rro?, das sie von Zeit zu Zeit fragend an irgendeinen Gott der Hühner richten. Kühe gibts hier keine, bloß zwei unsichtbare Schafe, von deren komplizierten und beängstigenden Krankheiten die Frauen Magda? Fanny? Fini? gern erzählen. Geschichten über kranke Tiere öffnen die Handtasche, das Herz und das Portemonnaie meiner Großmutter Kitty umgehend. Einmal hat sie einen absurden Preis für einen Domfalken bezahlt, der im Käfig eines finsteren Tierhändlers saß. Vielleicht war die Freilassung des Falken das wichtigste Ereignis in ihrem Leben.

Hier hört man bloß einen Regenpfeifer, und Kitty fragt, wie viele Schüsseln ich schon voll habe. Keiner ahnt, wie lang es dauert, eine Schüssel vollzukriegen, mit Beeren, während man so viel denken muß.

Ich bin noch bei der ersten, sage ich.

Ich blöderweise auch, sagt Kitty. Insgesamt dürfen wir fünf, und man hofft, daß wir bald gehen. Ich gäbe eine Million für ein Zitronenwasser. Das haben die hier aber nicht, weil sie nur Eigenes essen und trinken, und Zitronen kommen aus Afrika. Eins von den gleichaltrigen Kindern bringt einen Krug mit lila Saft. Er ist mit kaltem Wasser verdünnt und schmeckt uns beiden, wie man sich denken kann. Wie Nektar von Ambrosia, hätte mein Großvater gesagt.

Heidelbeer, sagt das Kind. Den haben wir noch von daheim. Kitty läßt fast das Glas fallen, sie rechnet, zehn Jahre ist das jetzt fast her mit dem daheim von denen.

Hatten sie nichts Wichtigeres mitzunehmen wie Heidelbeersaft? fragt Kitty beim Zurückfahren den Herrn Küther, der einen mißmutigen Kringel auf die staubige Kühlerhaube gemalt hat.

Ich weiß nicht, Frau Doktor, sagt der.

Es läßt sie gar nicht los. Das muß man sich vorstellen, den ganzen langen Weg mit all dem Dreck und diesen Schwierigkeiten! Heidelbeersaft! Der braucht dir doch bloß aufzugehen, dann kannst du alles andere auch gleich wegschmeißen, was du mitgeschleppt hast.

Drei Schüsseln Johannisbeeren und zwei Schüsseln Stachelbeeren, dazu zehn Jahre alte Heidelbeeren aus der entschwundenen Heimat.

Im nächsten Jahr kaufen wir das Zeug, sagt Kitty. Andererseits sieht man sie dann gar nicht mehr. Sie sollen doch nicht denken, daß wir uns für was Besseres halten. Her Küther hustet. Er hält sich ganz eindeutig für was Besseres, denn seine Ahnenreihe zeigt eine beruhigende Seßhaftigkeit und reicht nicht weiter als bis Plattling. Fürs Herumkommen haben Gott sei Dank die Kriege gesorgt.

Auf der Flucht vor den rheinhessischen Mädchen ist Battist wieder vorbeigekommen, hoch und mächtig empfängt er uns an der Tür, und auch die bayrischen Mädchen können ihre Blicke nicht von ihm wenden, wie man an den unseren sehen kann, die mitten in der Woche mit frischen Schürzen herumstehen und über ihre eigenen Füße fallen, die in Kirchgehschuhen stecken. Er schaut in die Schüsseln.

Wenn man bei euch ist, macht ihr immer aus dem schönen Zeug diesen süßen Krempel. Brennen müßt ihr es! Oder zumindest Wein draus machen, obwohl das auch Weiberzeug ist. Johannisbeerwein! Stachelbeerwein! Heidelbeer-Erdbeer-Brombeerwein! Lauter Büchsenöffner! sagt er und lacht, daß die Biedermeiermöbel auf ihren armseligen Beinchen zu zittern anfangen.

Da kenn ich welche, die sind mit dem Beerenzeug ihr Leben lang Alkoholikerinnen gewesen und haben sechzig Jahre lang dem Pfarrer erzählt, sie hätten außer dem Meßwein noch nie was angerührt.

Was erzählst du für furchtbare Sachen vor dem Kind, sagt Kitty und lacht, weil sie keinen Menschen auf der Welt mehr liebt als ihren kleinen Bruder. Mir geht es genauso, und ich kann nicht genug Geschichten hören, wie sie ihn im Ersten Weltkrieg ins Gefängnis gesteckt haben, weil er zehn Tage lang vierundzwanzig Stunden gesungen hat: Es ist so schön, Soldat zu sein, damit er keiner zu sein brauchte. Oder wie er im ersten Tonfilm seines Lebens als großer Mann und Herzensbrecher so geweint habe, daß die Tränen in breiten Bächen unter der Kinotür herausgelaufen seien, oder wie er, als der Sarg eines lieben Freundes nicht in das Erdloch passen wollte, der Trauergemeinde zärtlich zurief: Ei nemmt'n doch widder mit hääm! Der will doch gor net! Und basta, es wird kein Schnaps gemacht, nicht einmal für dich! sagt Kitty, und ich lauere, ob sie mich dalassen, wenn er zu erzählen anfängt, oder ob sie mich hinausschmeißen. Man weiß es nie vorher.

Manchmal haben sie mich auch schon versehentlich dagelassen, und ich lerne fürs Leben. Zum Beispiel, daß es Dinge gibt, die man im fünften Monat besser nicht mehr tut, und daß die ansonsten eher langweilige Tante Hedi mit ihren gehäkelten Samthüten und ihrer Lispelstimme etwas Hochinteressantes ist, was nymphoman heißt und nicht bei uns im Wörterbuch steht. Und daß die sogar ihm, Battist, zu anstrengend sei. Sie rede danach immer so viel und wolle, was noch schlimmer sei, auch zu viel hören.

Diesmal schmeißen sie mich hinaus, und bevor ich ihn hätte ein bißchen für mich allein haben können, ist er schon wieder weg.

Sie werden schon rot! sagt irgendwann jemand mit einer kleinen Traurigkeit in der Stimme, und ein paar Wochen später heißt es: Jetzt sind die ersten schon schwarz! Und Kittys Gatte hat vom Wagen aus ergiebige Hecken erspäht, die er – natürlich ohne seine Mithilfe – abzuernten befiehlt. Brombeeren, die sich, wie jeder weiß, dem Sammler nicht kampflos ergeben. Eigentlich der Sammlerin. Männer sammeln keine Beeren, obwohl mir scheint, daß grade Brombeeren in den Männern das Kriegerhandwerk ansprechen könnten. Mich fragt aber keiner, und es werden Eimerchen verteilt, Handschuhe nicht, denn mit denen hat man nicht den richtigen Griff. Manchmal geht der Hausherr mit und beaufsichtigt das Sammelpersonal.

Für mich hat er ein besonderes Spiel, das mich für Stunden vom Sammeln dispensiert und das ich nicht nur deswegen liebe. Er deutet auf irgendwelche Gewächse, ob im Wald oder am Waldrand, ob an Feldwegen oder bewachsenen Trümmern – wohin den kleinen Trupp eben der Brombeerfeldzug führt –, er deutet und fragt: Wie heißt das?

Weißichnicht ist eine in unserer Familie unbekannte Antwort. Außerdem besuche ich eine Nonnenschule, und da, wie jedermann weiß, Pflanzen die einzige Art Natur sind, von der die was verstehen dürfen, setzt er einen hohen Kenntnisstand voraus, den er allerdings nie nachprüft.

Ich beginne vorsichtig: Giersch, sage ich, oder: Kuckucksnelke. Da ihn diese Antworten zu langweilen scheinen und ich die meisten Pflanzen nicht kenne, versuche ich es einfach – der gemeine Rußquendel, sage ich, kreuzblütiges Fünfzehntalerkraut, vierblättriges Mariensiegel, querblühende Essigrose, haarige Pferdemelde, gestreifte Distelwinde. Das regt ihn an, er widerspricht: Ob es sich nicht vielleicht um die übelriechende Eselsmelde oder das Pharaonensiegel handle? Nicht nur, daß die Distelwinde ihm zu wenig gestreift erschiene, auch die Essigrose lasse den säuerlichen Geruch vermissen und sei vielleicht doch die halbgefüllte Hundsrose – wir amüsieren uns hervorragend, während die Pflückerinnen im Kampf mit den Brombeerhecken eine Wunde nach der anderen davontragen. Kittys Mann ist zufrieden mit sich und mir.

Wenn die Brombeeren eingebracht sind, ist der Sommer vorbei. Jeder weiß das, aber wir warten noch die Heidelbeeren ab, nach deren Verarbeitung die Küche neu geweißt werden muß. Warum streichen wir sie nicht eigentlich gleich lila? sagt Kitty. Die kugeligen Weiblein kommen zum letztenmal an die Tür, in kleinen Gefäßen bieten sie Preiselbeeren an, bitter, bitter schmeckt das Sommerende. Von der Bitternis braucht man nicht viel. Ein Liter Beeren wird verarbeitet und in ganz kleine Gläser gefüllt, in den Rumtopf dürfen sie nicht und in eine Bowle schon gar nicht. Aus denen könnte nicht einmal der Battist Schnaps machen wollen, sagt Kitty und weint.

Er ist tot, der kleine Bruder. Ganz plötzlich. Die rheinhessischen und die bayrischen Mädchen trauern. Kommt er nie mehr, frage ich. Ich frage, weil ich den Tränen der Großen nicht glauben kann.

Nein, nie mehr, sagt Kitty. Bitter, bitter schmeckt das Sommerende.

Du mußt den Bohnen ein Zweiglein zeigen –
Das bringt sie zum Schweigen!
Nur eine Prise Bohnenkraut
Und sie sind nicht mehr laut.

DIE FRANKFURTER KLEINMARKTHALLE

Manchmal sieht man die falschen Menschen in der Kleinmarkthalle. Sie wirken unkundig, mürrisch, sie verlangen Äp-
fel oder Tomaten, ohne der Gattung das Spezifische hinzuzufügen: den Namen. Zurück von der Gattung zum Indivi-
duum. Was denn gekocht werden solle, erkundigt sich die
Gemüsefürstin, denn die gut eingeführte Kundin hat über-
reife Kirschtomaten verlangt, unbedingt die kanarischen.

So macht man das hier. Das kann aber nicht jeder. Die
falschen Menschen drücken sich an den nahrhaften Aufbauten vorbei, an Salatkathedralen, Käsedomen und Nudelparks,
vielleicht haben sie ja einfach Hunger. Man muß sich nicht
um sie sorgen, »ein Viertel heiße Fleischwurst« kann jeder
bestellen, ganz ohne Philosophie. Nur wegen Hunger sollte
man aber nicht hierher kommen. Es geht um Dekadenz, wobei die hier niemand so nennt. Und um Erbarmen. Erbarmen
mit den armen, gleichgemachten Gewächsen und Getieren,
die wir verschlingen jahraus, jahrein. Hier wird der Gurke
die Würde zurückgegeben, dem Huhn und dem Pilz auch.
Huhn, Pilz und Gurke werden erwählt, sind endlich wieder
bei sich angekommen.

»Lasse se misch in Ruh mit dere Vooochelgripp!«, und die
Sprecherin, etwa siebzig, füllig und in lebhaftes Rot geklei-
det, sucht ein Brathuhn aus. »Net des! Des da hinne!«

Der Krümmungsgrad der Gurke wird erörtert, nicht irgend-
einer, sondern genau dieser Gurke, ebenso die Bräunlichkeit
des Champignonhuts sowie dessen Aufnahmefähigkeit für
eine Kräuterfarce.

In der Kleinmarkthalle darf sich unser Essen endlich wieder ernst genommen fühlen. Es steht im Mittelpunkt, man ordnet sich ihm unter, und auch die Ästhetik liegt allein bei ihm. Die Halle ist nämlich nicht schön, eigentlich ist sie gar nicht sichtbar hinter, unter und über dem, was sie anbietet. Das gibt ihr etwas Orientalisches, der deutschen Liebe zum Aseptischen Widersprechendes, weswegen man sich hier aussuchen darf, wie man sich fühlt: luxuriös oder bodenständig.

Früher war das Einkaufen Sache der Dienstboten, und keiner Dame wäre in den Sinn gekommen, öffentlich an Käse zu riechen oder in Avocados zu kneifen. Vielleicht verirrt sich gelegentlich noch eine Minna oder Frieda hierher, aber in der Mehrzahl dürfen nun die Damen und Herren des Hauses nach gutem Essen fühlen, schnüffeln und tasten. Es geht demokratisch zu, was nicht heißt, daß der ungerührte Blick beim Bezahlen allen gegeben ist. Man kann hier ohne Mühe, mit leichter Hand, an einem Nachmittag ein Beamtensalär loswerden, wenn man die richtigen Weine auswählt und bei den Vorspeisen nicht knausert. Ein Häppchen Dekadenz hin und wieder tut gut, das sollte man sich auch was kosten lassen. Die Einzigartigkeit der Wurst, die Knirschigkeit des Spargels, die Würzung des Pestos: Glück im Alltag und das Bewußtsein, sich hin und wieder was wert zu sein, und jenen inneren Stimmen mal den Mund zuhalten zu dürfen, die einem die eigene Nichtigkeit und das Elend der Welt zuflüstern.

Dekadenz ist, was gleichzeitig Spaß und ein schlechtes Gewissen macht. Darf auch verrückt sein, wie eine Schale Walderdbeeren zu zwölf Euro. Eine Schale von der Größe eines Moccatäßchens, aber der Duft! Manchmal muß sowas sein. Arm sind jene dran, die derlei Sünden alltäglich begehen. Sie haben nichts davon. Das ist der Unterschied zwischen Dekadenz und Protz.

Gut beraten sind jene Kleinmarkthallenkunden, die die Überlegenheit des Händlers anerkennen. Was dieser über sein Produkt nicht weiß, ist nicht wert, gewußt zu werden. Besserwisserei der Käufer fällt sehr unangenehm auf und wird nicht selten mit subtiler Frechheit beantwortet.

Kann ich die Cantaloup heute abend essen? sagt die Dame und deutet auf eine Melone, die ganz eindeutig keine Cantaloup ist.

Könne mir umtaufe! sagt der pfiffige marokkanische Verkäufer und grinst.

Am demütigsten wird die Käuferin in der Samen-Zwiebel-und-Pflanzenabteilung am vorderen Eingang. Mit milder Verachtung schauen die erfahrenen Verkäuferinnen auf den Samentütchenkaufrausch.

Wie groß is dann Ihne Ihr Gadde? Beschämt räumt man dann manches wieder aus dem Korb, bei den Zwiebeln hat man vor lauter Begeisterung über die verheißene Pracht auf dem Bildchen nicht nach dem Preis geguckt und zuckt an der Kasse zusammen.

Die Halle durchmessend in gebotener Langsamkeit wächst immer von neuem (denn man vergißt ihn zwischendurch in den allfälligen Supermärkten) der liebevolle Respekt vor dem Essen. Deswegen soll sie bleiben, wie sie ist, denn so ein Ort ist sonst nirgends.

Gerecht sind Knoblauch und Zwiebeln
Man darf ihnen nichts verübeln.
Sie behalten ihre Macht
Bei jedem und über Nacht.

VERKANNTE TRÖSTERIN –
LOB DER SUPPE

Auch diesen Rettungsversuch müssen wir mit dem Seufzer beginnen: Was sind das für Zeiten! Was sind das für Zeiten, in denen sich kaum einer schämt, den Magen seiner Gäste zum Auftakt eines Essens mit einem nassen, kalten Salat zu erschrecken. Essigsaures Blattwerk soll angeblich den Elektrolythaushalt des Körpers für die weitere Nahrungsaufnahme optimal vorbereiten, und da sieht man schon, wo das hinführt: Über die Menschen und das Essen wird geredet wie über eine neue Kaltwalzstraße oder einen pharmazeutischen Versuch.

Der einzig richtige Beginn eines Essens ist die Suppe. Warm und widerstandslos schmiegt sie sich die Kehle hinunter in den Magen, sie umspült sanft seine Wände, mit jedem Löffel wächst das Gefühl der Zufriedenheit, ihre Würze macht neugierig auf das, was kommen soll, das darf dann meinetwegen ein Salat sein. Man ist jetzt gewappnet. Und wenn gar nichts mehr danach kam – auch diese Suppenzeiten gab es –, half sie beim Leben und beim Überleben.

Mit der Suppe nämlich hat alles Leben begonnen, mit der Ursuppe, wie wir wissen, die war natürlich ziemlich heiß und unberechenbar. Die Menschen ahmen in allen Kulturen den Vorzeitenzustand nach und verleiben ihn sich ein. Es gibt Kulturen ohne Lachsmousse, ohne Mon Chéri, es soll sogar welche ohne Fischburger, Wachteleier oder Gastrokritiker geben: Kulturen ohne Suppe gibt es nicht. Mit ihr wird die Armut erträglich gemacht und der Reichtum demütig.

Was sagt der Vorstandsvorsitzende auf die Frage nach seiner Leibspeise, nachdem er kurz und mürrisch der tausend immergleichen Menüs gedacht hat, durch die sich hindurchzuessen sein Schicksal ist? Na, was wird er antworten? Linsensuppe, wird er versonnen sagen oder: Kartoffelsuppe. Und die Fasern des glasierten Kalbsrückens werden noch in seinen teuren Zähnen hängen.

Suppe war der Anfang, Suppe wird das Ende sein. Man sagt ja nicht zufällig, daß einer den Löffel abgegeben habe und nicht, wie es doch heutzutage viel einleuchtender wäre, das Messer aus der Hand. Es ist zur Zeit Mode, sich der Suppe schreibend zu nähern, leider nicht in der ihr angemessenen entweder klaren oder gebundenen Sprache. Da wird sie in einem Blatt als »Geliebte des Magens« bezeichnet, was natürlich ein Schmarren ist, denn wer hält schon jeden Tag eine Geliebte und dann noch immer eine andere aus? Im gleichen Artikel wird behauptet, daß in jedem Mann ein »Suppentiger« stecke, worunter man sich auch nur schwer etwas vorstellen kann. Zwar kennt man Suppenhühner, Suppengemüse, Suppenknochen und Suppennudeln, aber der Suppentiger mutet wie die Suppenschildkröte politisch unkorrekt an.

Ein anderes Blatt hat sich darauf recht maliziös geäußert, als wäre das Thema insgesamt ein Witz, und das ist es eben nicht!

Alles fließt. Die Suppe ist die einzige Nahrung, die ohne Gewalttaten auskommt, sie verlangt keinen Biß, kein Abreißen von Fetzen, kein Zermahlen und Zermalmen, nur ein zierlich-stummes Schlürfen und gelegentlich ein zartes Zerdrücken der Einlage mit der Zunge. Sie besänftigt, aber sie stärkt auch, sie ist auf dem Krankenlager so brauchbar wie auf dem Liebeslager, und wer denkt, das eine sei Haferschleim und das andere Consommé double mit Sherry und Shiitake-Pilzen, kann's ja auch mal umgekehrt versuchen.

Sie kommt lässig-urban daher in albernen, kleinen Täßchen oder archaisch in schweren Terrinen. Welcher junge Haushalt hat noch eine Suppenterrine, nicht für Hortensientöpfe, sondern zum Erhalt der Familie? Na bitte. Wir kennen das Ergebnis der Suppenlosigkeit: Gewaltbereitschaft und hohe Scheidungsraten.

Hans Fallada verdanken wir die schöne Kindheitserinnerung, wie bei einem Hausbrand seine Großmutter einzig die dampfende Terrine gerettet habe, allerdings sei die Genießbarkeit der Suppe (denn es muß doch gegessen werden, Brand hin oder her) ein wenig beeinträchtigt gewesen, da die umsichtige Frau auch das Zweitwichtigste in die Suppe getan hatte – ihr Strickzeug.

Damals war die Keimzelle einer Suppe nicht die Tüte, aber auch die ist ein Plädoyer wert, wir werden schon sehen.

Zur Zeit von Falladas Großmutter war Suppe eine Klassenfrage, manche kochten so viel Fleisch aus, daß es für eine Kleinbürgerhochzeit gereicht hätte und warfen die Kostbarkeiten weg, nur die Essenz wurde gegessen. Andere waren froh, wenn sie ein Löffelchen Fett auftrieben, in das konnte man gehackten Ampfer, Gundelrebe und Radieschenblätter werfen, anschwitzen, würzen und aufgießen – das kann man übrigens immer noch so machen, etwas Rahm dran und ein paar Brotwürfel, und alle Armut, alles Leid ist Löffel für Löffel vergessen.

Ja, die Tüte: Etwa zu den Zeiten, als im Rezeptbuch der Fabrikbesitzersgattin für eine Grünkernsuppe zwölf Eigelb befohlen wurden, ließ der Ernährungszustand der ersten Industriearbeiter sehr zu wünschen übrig. Sie hatten keine Zeit, sich eine arme Suppe zu kochen und wärmten den Magen mit Schnaps. Das ließ den Schweizer Müller und Erfinder Julius Maggi nicht ruhen, und er experimentierte mit Trockengemüse und Dörrerbsen so lang, bis ihm ein brauchbarer Grundstoff gelang. Heißes Wasser dazu, kein Schnaps mehr nötig, zumindest nicht so viel wie vorher. Der Schweizerische Wohlfahrtsverband unterstützte seine Arbeit.

Man kann die Uhr nicht mehr zurückdrehen und muß dem erfinderischen Müller dankbar sein. Ohne ihn wäre die Suppe vielleicht ausgestorben. Und gleich danach die Menschheit. Natürlich jagen Heiße Tasse und Fünfminutenterrine dem wahren Suppenaficionado kalte Schauer über den Rücken – aber wer als Student den Gelberbsen, Trockenklößchen oder Sternchennudeln das folgenlose, ja fröhliche Überstehen des Suffs verdankte, wird als Erwachsener bereit sein, einem alten Huhn oder einer Ochsenbeinscheibe im Topf ruhevoll zuzuschauen.

Man sieht, es geht um die Suppe als solche, den Krieg zwischen klar und gebunden soll diese kleine Schrift nicht entscheiden helfen. Er ist ja so wirr und unnötig wie fast alle Kriege, wenn auch das Argument, in einer gebundenen Suppe lasse sich mehr verstecken als in einer klaren, nicht ganz von der Hand zu weisen ist. Wer sich aber jemals die Mühe gemacht hat, aus Tomaten, die dem niederländischen Schönheitsideal (wie die Königin: rund, schnittfest, immer gleich und rötlichen Gesichts) nicht entsprechen, eine Suppe zu kochen, wird ein Fan des Versteckens werden. Ja, die Suppe ist geradezu ein Gegenprogramm zum Jugendlichkeits- und Glättewahn: Runzlig und überreif dürfen die Gemüse sein, die man für die Suppe püriert, und daß das Huhn alt sein muß, ist eine Binsenweisheit.

Es gibt magische Suppen, womit nicht die verdächtige Blutsuppe der Spartaner gemeint ist, sondern jene Buchstabensuppe, die über dem Schreibenlernen am Tellerrand kalt zu werden pflegte. Es gibt Strafsuppen, die man auszulöffeln hatte, wenn man so dumm war, sie sich einzubrocken. Bei meiner Mutter genügte bis ins Alter das Wort »Sagosuppe«, um einen Brechreiz auszulösen.

Es gibt unwiederbringliche Suppen, wie die Zwiebelsuppe im Morgengrauen bei den alten Hallen in Paris oder die Gulaschsuppe, die dem von Liebe und Heurigem beunruhigten Magen seinen Frieden wiedergab.

Es gibt ausgestorbene Suppen, weil sich niemand mehr hinstellen mag und wirkliche Markklößchen machen, wahrscheinlich ist das Rezept verschollen. Es gibt diese neckischen Modesuppen, die von heuchlerischen Starköchen als »Süpple« oder »Süppchen« annonciert werden, was der Würde der Suppe nicht angemessen ist. Es gibt die schweren und die leichten, die scharfen und die sanften, die süßen und sogar die kühlen Suppen. Die beste Hühnerbrühe machen die Chinesen mit allerlei verdächtigem Geschmackspulver – köstlich! Es gibt Landstriche, da quillt die Kartoffel schon als Suppe aus dem Boden, Musik ist in den Suppen, Madrigale in der Minestrone, Serenaden in der Sternchensuppe, und daß die Linsen und Bohnen Töne haben, weiß jeder, dagegen hilft ein wenig Essig und Bohnenkraut. Mit Suppe hat alles, alles angefangen.

Und in fernen Zeiten wird es später einmal heißen:

Der Stern zerging zur Schnuppe
In einer dunklen Suppe.

Wenn wir genügend essen, haben wir noch lange Zeit bis dahin.

Dies ist des Volkes wahrer Himmel –
Pellkartoffeln, Quark und Kümmel.

ENDZEITDEKORATION

Die Suppe hatte nicht auf dem Löffel bleiben wollen, weil dessen Wölbung zu flach war, und das Fleisch – etwas Lämmernes mit Knoblauch, wie es das bei solchen Leuten fast immer gibt – widerstand den nach außen geringelten Gabelzinken. Ich esse nicht gern kleines Schaf. Die Griffe der Bestecke waren irgendwie gewunden, kurz gesagt *designt*. Horden von Gläsern nahmen zu viel Platz weg, als daß man eine Schüssel hätte auf den Tisch stellen können, nur, es gab gar keine Schüsseln, dafür war unter dem Teller noch ein Riesentrumm Teller aus Silber, und unter diesem irgendwas, das man um Gottes willen nicht *Set* nennen durfte, natürlich auch nicht Platzdeckchen, aber genausowas war es und sah aus wie aus Stücken alter italienischer Meister gemacht. Es gab auch mehrere Tischtücher, die gekräuselt waren und heftig raschelten, eins davon hatten sie um die Tischbeine mit einer großen Geschenkschleife zusammengebunden. Um die Teller rankte sich Efeu und versuchte immer wieder, ins Essen zu kommen. Den wenigen freien Platz auf dem Tisch nahmen Kürbisse, vergoldete Nüsse und kleine unbekannte Objekte ein. Der Ehemann der Gastgeberin stellte sich als Hersteller dieser kleinen Dinger heraus, die man nicht essen konnte, sondern fürs Auto braucht.

Hierzulande darf man sich über so was nicht beklagen, weil man sogar eine Professur kriegen kann, wenn man auf dem Eßtisch Maisernten, Flugzeugteile oder Krawattenhalter ablädt. Sollen die Leute doch sehen, wie sie ihr Essen drunter hervorklauben. Indessen frißt das Volk Dreck aus Pappe.

Wer Augen hat, zu sehen! Irgendwann hatten die Gelang-
weilten angefangen, vergoldete Nachtigallen in tote Schwäne
zu füllen, Suppen aus dem Sperma weißer Hirsche zu kochen
und Diamanten im Mandelpudding zu versenken. Sie ließen
sich Tafelaufsätze machen, hinter deren Bombast die Mitspei-
senden wohltätig unsichtbar wurden, die Gläser waren Uni-
kate von jungfräulichen Bläsern, und unter jedem Teller stand
immer noch einer. Das Volk damals fraß Hirsesuppe und trö-
stete sich mit Methylalkohol. Wie wir wissen, ging das nicht
lange gut, und auch der königinnenhafte Befehl, ihnen doch
Kuchen zu essen zu geben, nützte nichts mehr. Wir sind wieder soweit! Unser heutiger Indikator der Endzeit heißt *Am-
biente* und gilt als Konjunkturbarometer. Konjunktur ist,
wenn die Gastgeberinnen wie verrückt goldene Servietten-
klammern, Rosenbowlen und sonnenförmige Platzteller kaufen, dazu meterweise raschelnde Tischdecken und handge-
malte, unwaschbare Servietten. Wer Ohren hat, zu hören!
Was harmlos, aber gefährlich mit Weinhebern, Brezelkatzen
und Käsewürfelpilzen begonnen hatte, endet mit Professuren
für vollgemüllte Eßtische – das ist Dekadenz. Laßt uns fort-
gehen und einen Tisch suchen, blau darf er sein, mit sechs
Stühlen. Vor jedem ein Teller, weiß, ein Glas, dick. Dort wollen wir ausruhen und die Augen säubern, bevor wir über das
Essen nachdenken.

Oh Rosmarin! Oh Thymian!
So fang ich meine Hymni an!
Ihr holt im Nu für jeden her
Das weite, blaue Mittelmeer!

WO DIE BLUTWURST DER
LEBERWURST BEGEGNET

Die halbe Sau, die am Gestell vor dem Bauernhof hängt, menschenhäutig und ausgestreckt, verursachte einst ein großes Kindergeheul, gefolgt von geschluchzten Schwüren, nie im Leben etwas anderes zu werden als ein Vegetarier. Oh, und der kopflose Gleitflug des bunten Puters! Das ausgespannte Fell des Rammlers Mümmel! Nie würde man beim Sündigen mittun, nie! Aber sachte und immer kräftiger roch es dann am Nachmittag nach Metzelsuppe und Würsten, später nach dem Rauch der Schinken und Geselchtem. Kümmel, Majoran und Pfeffer ließen den Mord vergessen und stärkten den Glauben an Abstraktion und Wiedergeburt.

Jetzt ist dieser Weg verschüttet, das Große Fressen tut, als ob es erst bei der Abstraktion anfangen würde, mit trügerischer, verlogener Unschuld kommt es daher. Als Ersatzsünde muß nun das Cholesterin herhalten, die angestrebte Kleidergröße und die Befehle irgendwelcher Ärzte. Schäbig ist des Menschen Herz und feige.

Daß der Genuß aus totem Tier gemacht ist, will der Mensch nicht wissen. Wobei seltsamerweise das ganze Unglück mit der Schlachtung eines Apfels angefangen hat und nicht mit einem gebratenen Paradiesvogel, was doch als Ursünde einleuchtender und kulinarisch interessanter gewesen wäre. Nun ist es aber, wie es ist, keine Rückkehr mehr zur Unschuld möglich, es sei denn zu der des gazellemampfenden Löwen: Er hat sie wenigstens vorher nicht eingesperrt und gefoltert.

Er schlachte natürlich selbst, sagt Tomi Ungerer, der große Tierschützer, das heißt, je älter er werde, um so weniger gern. Aber: Nur eine glücklische Fleisch ist eine gute Fleisch! So spricht der elsässische Künstler, und das wollen wir uns hinter die Ohren schreiben.

Im Elsaß, das weiß fast jeder, wird besonders schön gefressen. Vor vielen Jahren, als ich noch nichts wußte, habe ich einmal gesagt, zum Sauerkrautessen müsse man doch nicht extra nach Frankreich fahren! Das war mit aller Borniertheit kurz vor meiner ersten Choucroûte garnie so dahingeschwätzt, nach ihr konnte man fürs erste nichts mehr schwätzen.

Unser Sauerkraut war dunkel und schwer, daheim in der Regensburger Bratwurstküche, jenem ehrwürdig geräucherten mittelalterlichen Garküchlein an der Donau, erst nach mehreren Tagen und vielen Bratensoßenresten als Unterlage der berühmten fingerlangen Rostwürschteln geeignet – aber das elsässische Kraut! Wie ein Mannequin zur Marktfrau verhielt es sich, strohblond und duftig, damit die dutzenderlei Würste und Fleischstücke, die es überhäuften, auch vertragen würden. Welches besser ist? Das läßt sich nun gar nicht beantworten, manchmal kann man ein Mannequin überhaupt nicht brauchen, ein andermal will man Leichtigkeit vorgegaukelt bekommen.

Haben wir schon über den Hunger geredet? Das ist ganz unerläßlich, wenn man über die politisch unkorrekten Freßfreuden nachdenkt. Es sollte ein wirklicher und kein künstlicher Hunger sein, nach dem Zerkleinern mehrerer Baumstämme etwa oder einem langen, beschwerlichen Fußweg. Auch ein längerer Aufenthalt in Großbritannien tut gute Dienste. Vorheriges Fasten allerdings wäre genau der falsche Weg zum Hunger in diesem Fall. Da wird dem Genießer nur schlecht. Es sollte der Hunger aus alten Zeiten sein.

Geben wir uns keinen Illusionen hin! Der ist nicht so leicht zu haben, wie es scheint. Daß aus den sauren Wochen faule Wochen und aus den frohen fade Feste geworden sind, reden wir nicht nur den Sozialpolitikern nach. Wer mag ohne ein ordentliches Vakuum im Inneren an einem sich biegenden Tisch sitzen? Wer morgens mit achtzehn Müslisorten und Räucherlachs begonnen hat, gewiß nicht. So führt das Freß-fest nur durch äußerste Mäßigung zum wahren Genuß – dann allerdings! Dann scheuen manche nicht einmal vor einem ganz unversehrt auf einer Platte aufgebahrten Ferkel mit Sei-denpapiermanschetten und einer Zitrone im Maul zurück. Und weil es schon nicht mehr darauf ankommt, halten Kar-toffelknödel und schmalzglänzendes Blaukraut den Magen beschäftigt.

Ein Ringerl heißt eine Scheibe Ferkel in Bayern, das bedeu-tet einmal durchs Schweinchen vom Rücken bis zum Bauch, und führt, wie mein Großvater meinte, nicht zur Sättigung, worunter er eine zeitweilige vollständige Unbeweglichkeit verstand. Ihm verdanke ich auch die Klage, daß eine Gans ein unpraktischer Vogel sei, denn für einen ist sie zuviel und für zwei zuwenig. Es lasse sich da allenfalls mit der Fülle noch was machen.

Diese Fülle war schon oft Gegenstand von Glaubens- und Bruderkriegen – nicht Schwesterkriegen. Bei Gänsen und ih-rem Innenleben mischen sich die Männer immer ein. Das gro-ße Fressen ist nicht nur im Film überwiegend Männersache. Vielleicht ist es ein Atavismus: Eroberung und Vernichtung. Andererseits setzt sich die Frau, die mal wieder für die Zube-reitung der Ausnahmemahlzeit hat verantwortlich sein dürfen, schon sattprobiert an den Tisch und verläßt ihn wiederholt, um Salz zu holen, die Knödel am Zerfließen zu hindern und die Würste am Platzen. Der Mann zerteilt lediglich Braten jedweder Art, zerfleddert die Gans zu Haschee und die Wildsau zu Brocken und fragt heuchlerisch: Brust oder Keule?

Warum gibt es hier keine Füchse? sagte meine Mutter Weihnachten um Weihnachten seufzend und legte die rohe Gans an leicht erreichbarer Stelle in den winterlichen Garten. Aber am nächsten Morgen war sie immer noch da und mußte zu guter Letzt gebraten werden, alles voller Fett, und tagelang Gedöns in der Küche, und das alles für die Vorfreude der Männer, die sich ums Tranchieren stritten und sich keineswegs schämten, wenn die Hosenbünde kniffen. In manchen Familien wird das Große Essen von allen drei Generationen gemeinsam hergestellt. Es hat sich aber durch Selbst- und Fremdversuche erwiesen, daß sich diese scheindemokratische Lösung nicht bewährt, denn jeder überfrißt sich schon in der Küche, und am Tisch wird nur noch gestochert und gemekkert: Hast du schon mal davon gehört, daß man die Trauben für die Sauce entkernt, die Semmelbrösel sind zu dunkel, innen ist es ja gar nicht mehr rosa, keiner hat daran gedacht, den Wein in den Kühlschrank zu tun. Jammer und wochenlang Reste, das hat man von der Küchendemokratie.

Vielleicht ist es doch besser, zu solchen Anlässen ein Wirtshaus des Vertrauens aufzusuchen. Man sollte einen ruhigen Nebenraum wählen, denn auf die normal nahrungsaufnehmenden Menschen, »für mich nur einen Salat«, wirken Esser, denen das Fett über die Backen läuft und die Völlerei die Augäpfel heraustreibt, ziemlich obszön. Weil die, die sich solcherart gehenlassen, das wissen, würde ihnen durch fremde

Blicke das anachronistische Vergnügen versaut. Außerdem kotzt bei solchen schönen Anlässen immer irgendein Kind, auch das bleibt besser in der Familie.

Das wirklich große Essen ist etwas für die Familie. Wenn man es mit Freunden zu zelebrieren gedenkt, muß man sehr genau überlegen, welche von ihnen dafür geeignet sind. Es darf zum Beispiel keine Atomkassandra dabei sein, die angesichts der in Rahm schwimmenden Steinpilze zum Wildschweinbraten vor Entsetzen bleich wird und die ganze Tischgesellschaft vor dem alsbaldigen Hinscheiden warnt. Um das wissen alle, deshalb ja der Freßausbruch! Die Liebhaber des Diätmarathons natürlich nicht, leider auch nicht die Tierschützer, zu denen man sich selber zählt und doch sündigt, immer mit dem trotzigen Gedanken, der eigene Kater sei alles andere als Vegetarier.

Es sollten keine strengen Ästheten geladen werden, denn der hingebungsvolle Esser ist nicht imstande, auf seine äußere Erscheinung zu achten, er bindet sich Servietten um, die mit weißen Ohren einen Deppen aus ihm machen, den Esserinnen läuft die Nase, und auf dem Busen, dem seidenbekleideten, hat sich Salatöl und Sauce ausgebreitet. Das Tischtuch ist eine Landkarte mit Rotweinflüssen und Fettkontinenten, aus denen sich Brotbrocken und Knochen erheben, Inseln von welker Petersilie und zerschmetterte Nußschalen, Traubengerippe und welke Servietten tun ein übriges, daß der Anblick für jeden Fremden unerträglich ist.

Die Bewohner dieser wüsten Tafel müssen ihre leise, örtlich betäubte Scham mit viel Wein wegspülen, manchmal singen sie trotzig oder erzählen einander blöde Geschichten. Es ist doch klar, daß all dies nur mit wirklich guten, verläßlichen und erprobten Freundinnen und Freunden durchgestanden werden kann. Auch das Schweigen am Tag danach, das doppeltkohlensaure Natron und die stummen Gelübde, die Bußfertigkeit und die innere Einkehr gehören dazu. Am Tag nach solchen Exzessen wird geschwiegen, am nächsten Tag mit den anderen telefoniert. Einen Monat später überlegt man sich den nächsten Termin, wohl wissend, daß jenes einst unschuldigste aller Vergnügen im Lauf der wohlhabender gewordenen Zeiten ganz schlechte gesellschaftliche Karten hat. Das ungehemmte Fressen gilt als ordinär, zuchtlos, unanständig, abstoßend – ach. Wir finden das ja alle selber und sind dankbar wie die Kinder, wenn wenigstens die Literatur uns die Tische überlädt, wir lassen uns von Grass unbekömmliche Speisen servieren und lesen uns an der legendären jütländischen Kaffeetafel von Siegfried Lenz satt und voll. Auch im Kino bekommen wir die Völlerei von Zeit zu Zeit erlaubt, es ist nicht zu klären, ob die Wörter, die den Duft nach Gebackenem, Geräuchertem und Speckigem auszuströmen in der Lage sind, den inneren unstillbaren Hunger nachhaltiger besänftigen als die Filmbilder, farbig und duftlos. Ich gebe natürlich der Literatur den Vorzug, denn die Kinobraten sind aus Plastik, man sieht es doch irgendwie, statt Fett läuft den Stars Glyzerin über die Backen, das Obst ist so trügerisch wie die Torten. Nur den Wörtern ist zu trauen, wenn schon auf die realen Schüsseln verzichtet werden muß.

Worin besteht das Vergnügen am Junk food, das ja sogar Modeschöpfer, Ballettänzer und Dreisterneköche nicht leugnen? Es liegt auf der Hand: Junk food ist das Zitat des Großen Essens, ein Pars pro toto, eine unauffällige Erinnerung an Schlachtfeste und Leichenschmäuse. Niemand würde es wagen, in einem normalen bürgerlichen Restaurant nach zweierlei fetten Saucen zu verlangen, die dann großzügig auf dem

Kotelett oder dem Putenschnitzel verteilt werden. An der Im-
bißbude stört das keinen, weiß und rot, bitte, und noch einen
ordentlichen Schlag auf die Rindswurst.

Bei den Würsten landen wir immer, wenn wir uns sehnsüchtig an ein Früher zu erinnern suchen, wo die Kargheit und
der Überfluß noch beide auf der Lebensschaukel saßen. Die
Würste sind übriggeblieben von Schlachtzeit und Erntedank,
aber das ihnen innewohnende Gruseln heißt heute Sorbin-
säure, Lebensmittelgesetz und Cholesterin. Oder? Die Schnel-
ligkeit, mit der man sie verschluckt, kann schlechtes Gewissen ebenso bedeuten wie Kindergier.

Mittags im Frankfurter Osten stehen lange Schlangen vor
der allerbesten Wurstküche der Region – was sage ich, Eu-
ropas! Ein warmer, heimatlicher und gar nicht barbarischer
Duft dringt aus dem überfüllten Laden, zwischen feinen und
groben Fingern steckt die saftige, rote Rindswurst und tröstet Hoch und Niedrig. Hoch über die Langeweile und Niedrig über die Arbeit.

De Gaulle hat einmal kokett darüber gejammert, daß ein
Land mit so vielen Käsesorten eigentlich unregierbar sei. Wer
sich an den General erinnert, hatte zwar eher das Gefühl,
er habe sich für den Erfinder jeder einzelnen französischen
Käsesorte gehalten, aber wie auch immer: Was ist denn mit
unseren Tausenden von Wurstsorten?

Unzählige Würste, als Zitat für Völlerei, als wohlfeile und
fast folgenlose Möglichkeit, sie zu simulieren, bleiben sowieso. Die dünnen, zweimal geknickten Thüringer, weihnachts-
marktduftend, ein allzeit verfügbarer Trost über die deutsche
Einheit, die Frankfurter, die dicken Regensburger Knubbel,
all die scharfen Dinger aus dem Osten, paprikarot und tük-
kisch. Blut und Leber und alles Innere und Schreckliche wird

wundersam verwandelt, die Leber zum Schluß nur noch eine Ahnung, eine Erinnerung und die sanfte, graue Farbe, von der kein Mensch weiß, wie sie entsteht.

Grass füllt einen Hammelkopf mit Würsten, das geht natürlich ein bißchen weit, aber die Vogelsberger Kartoffelwurst beweist, daß es stimmt: Wurst dürfen auch Vegetarier essen. Sie hat mit Mord nichts mehr zu tun, ist Abstraktion und Geheimnis, ein Hundsfott, der sie uns vermiest.

Solange wir sie haben, auf Papptellerchen, im Stehen, blickend auf jene Landschaften aus Möbelmarkt, Teppichbodenparadies und Tankstellen, aus Parkplatzweiten und Containern, Drive-in-Hotels und bunten Mülltonnen, können wir noch an der Erinnerung kauen: Mit Bettlaken gedeckte lange Tische unter Apfelbäumen, auf denen die zusammengeliehenen Schüsseln standen und kein Teller zum anderen paßte: In den Kartoffelbrei hatte die braune Sauce Schluchten gegraben, dreierlei Kraut mit Specklocken, irgendein Braten, Apfelkompott, schwarze, graue und rote Würste im warmen Sud. Das Bier war trüb, und der Wein hing in einem alten Einkaufsnetz im Tümpel zum Kühlen. Die Tafel konnte auch in einem viel zu vollen Wohnzimmer stehen oder in einer jener großen Küchen, in denen es nach den Essen der letzten hundert Jahre roch. Es war eine Schinderei, das Schnippeln und Stopfen und Füllen und Schleppen und Heizen. Weihnachten, Kindstaufe, Firmung, Hochzeit, Totenschmaus. Runde Geburtstage. Erntefest. Diamantene Hochzeit. So viele Gelegenheiten waren es ja gar nicht, denkt man und beißt in seine Bratwurst. Im islamischen Paradies biegen sich die Tische, heißt es. Vielleicht wird man dereinst wenigstens zu Besuch vorbeischauen dürfen.

Ganz Indien liebt ihn.
Ich tus nicht.
Mir kommt das Zeug an kein Gericht!
Koriander war mir stets fatal,
So schön's auch ist, das Tadsch Mahal!

WENIGER WERDEN – EIN TAGEBUCH

Im Zug dachte ich: Es sind schon wieder die gleichen paar Kilo. Du fährst geduldig an den Bodensee in die berühmte Klinik, verstaust sie grammweise irgendwo dort im Gelände, löst einen Teil im Wasser des Pools auf und verschwindest nach zwei Wochen Fasten, heimlich, damit sie dir nicht hinterhergerannt kommen. Sie schaffen das aber immer wieder, und es stellt sich heraus, daß sie sich Unterstützung holen: das eine oder andere Pfündchen. Wir sind zurück! grinsen sie dir eines Tages rotglühend von der Waage her ins Gesicht. Wir haben auch noch jemanden mitgebracht! Die ganze Zeit waren sie stumm geblieben, unter Souveränität versteckt, durch Gummizüge gezähmt – ohne Waage haben sie nichts zu melden. Manchmal kneifen sie dich in die Hüften und drücken BH-Verschlüsse ins Fleisch. Dagegen kann man sich aber wehren. Die es angeht, wissen, wie.

Der Zug war ziemlich leer. Ich hatte meinen Obsttag dorthin verlegt, am See war keine Zeit zu verlieren. Sofort losfasten! war meine Devise. Ein älteres Paar saß in meiner Nähe. Ich aß erst einige krosse, knirschende Pflaumen, wahrscheinlich aus Südafrika, dann einen laut krachenden Apfel und danach mehrere von den Dingern, die früher Mandarinen hießen und jetzt jedes Jahr einen neuen Namen haben. Sie rochen stark, wie etwas, das man ins Krankenhaus mitbringt, und wenn ich das ältere Ehepaar gewesen wäre, hätte ich den Wagen schaudernd verlassen. Nach Stunden hörte ich den Mann sagen: Ob wir pünktlich ankommen werden? Und sie antwortete: Schau lieber nochmal nach!

Wonach? Paare sind oft rätselhaft.

Ich dachte an meine Pfunde, die sich so zutraulich und fest um mich geschart hatten und gar keinen Verdacht schöpften, obwohl das viele Obst sie hätte mißtrauisch machen können.

> *Eine wahre Göttin spricht:*
> *Niemals laß ich mich dran hindern*
> *So zu bleiben, wie ich bin!*
> *Meinen Leib gar zu vermindern*
> *Käme mir nie in den Sinn*
> *So die wahre Göttin spricht –*
> *Eine solche bin ich nicht.*

Die Ankunft am See ist nett, eine zwirnsfadendünne Oberschwester, der man aber nicht zu gleichen wünscht, bringt Obst. Ein Fernseher ist da und der Blick auf den See, durch den riesigen Ahorn hindurch, der nur noch wenige Blätter festhält, gelbe Taschentücher. Ich fühle mich wohl in der Langeweile und der selbstausgesuchten Askese. Die Nacht hält mich wach. Ich habe nichts zu versäumen.

Am nächsten Morgen um zwanzig nach sieben ermöglicht mir der Radau des Laubsaugers einen wachen Blick auf den Sonnenaufgang. Eine Wagneroper! Stumm! Bis auf den Laubsauger eben. Oh Einstimmung! Statt Tee am Morgen werde ich kühn auf Muckefuck bestehen, ich werde so schwer wach. Die Gemüsebrühe am Mittag erlaubt einen ersten Blick auf die Kombattanten, es variiert wie immer zwischen »was will die denn hier?« und »wie kann man denn so fett sein«. Von der zweiten Kategorie sind leider nicht viele da. Aber was wissen wir schon voneinander? An jeder Figur, die da sitzt, sind Teile, die sie loszuwerden wünscht. Wie hat man sich das vorzustellen, das Unerwünschte? Ich könnte mir eine Art starre, weiße Fladen vorstellen, die abplatzen wie Kerzenwachs. Das wäre eine angenehme Möglichkeit. Andererseits könnte es sich auch um etwas Feuchtes, Zuckendes, Rotes handeln, das geboren zu werden wünscht. Wie unterscheidet sich das Unerwünschte vom Gewünschten, vom Notwendigen oder gar vom Begehrten? Mir ist, als ich noch ein Fräulein war, oft aufgefallen, daß, was den einen schaudern ließ, den nächsten, oder meinetwegen den übernächsten, entzückte. Dennoch muß von etwas geschieden sein und manche scheuen weder Stahl noch Strahl.

Ich dagegen esse nur auf königliche Weise nichts. Gerüche aller Art werden unangenehm, außer dem von frischem Leberkäs. A propos Gerüche: Heute, am Nachmittag des ersten Tages, während meines ersten kleinen Kaufrauschs, dem noch einige folgen werden, betrat ein Landstreicher im vollen Wichs die Parfumerie, in der ich grade war. Er fuchtelte, stieß zahnlos viele Worte aus und plinkerte mit den Augen. Was wollte er? Ein Duftpröbchen. Er hatte vielleicht was vor, und die Verkäuferin, eine wirkliche Dame, gab ihm welche.

Wenn du nicht saufen tätest, würdest du von allein besser riechen, sagte sie freundlich, aber fest.

Der Wanderer brabbelte begeistert.

Mein Bruder, sagte sie, ist dran gestorben.

Das mochte der Mann nicht hören und ging. Fast hätte ich vor Begeisterung noch Weihnachtskrempel gekauft, aber ich habe mich zurückgehalten. Man soll nicht übertreiben.

Der Arzt, den ich danach aufsuche, ist sehr schön. Er begrüßt mich samt jenem Teil, den ich schon öfter hier zurückgelassen habe, höflich und spricht viel von Innerlichkeit und Gleichmaß.

Abends denke ich an den Kollegen Gernhardt und schreibe ein paar Paulusbriefe. Gernhardt ist ein großes Genie in Sachen Paulusbriefe und hat mich angesteckt:

Paulus schrieb an fette Damen –
Ihr fallt bezaubernd aus dem Rahmen!

und

Den Molligen schrieb Paulus gnädig:
Von euch bleibt selten eine ledig!

oder

Paulus schrieb an seine Dicken:
Was reimt sich???
Darauf müßt ihr blicken!

Schluß jetzt.

Dienstag

Diese Sonnenaufgänge! Wozu etwas essen, wenn ich in der Früh um sieben beim Blick über den Kräusel des Sees hinweg eine Sehnsucht nach Elfenhaftigkeit erdulden muß? Tausenddreihundert meiner Gramm haben sich bereit erklärt, zurückzubleiben und nicht länger stören zu wollen, fürs erste. Das kennt man. Die ersten Abschiede sind einfach, es rieselt und pieselt nur so fort. Man soll sich dessen nicht freuen, oder doch, trotz des Wissens, das ist nur vorläufig. Wenigstens ist es vorläufig! Abends sitzen wir im Foyer und nippen an fader Brühe und süßem Saft. Ein Pianist, kaugummikauend und von stämmiger Gestalt, spielt uns Damen übers gepolsterte, aber ungeschützte Rückgrat hinunter: *I did it my way.* Vor ihm auf dem Klavier steht ein Glas Saft. Er scheint sowas noch nie gesehen zu haben.

Es gibt einen Ägypterinnen-Tisch und einen Mittleres-Management-Tisch und einen Versicherten-Tisch und einen Kicher-Tisch. Keinen Guten-Russen-Tisch, ach. Kann ja noch kommen.

Eine von den Ägypterinnen schwamm heute neben mir. Sie machte drei Bahnen lang Prrrr-ffüt-schschsch, Prrrr-ffüt-schschsch, um ein Haar hätte ich sie ersäuft. Fasten macht sehr sensibel. Die köstlichen Abende mit Kräutertee, Seifenopern im TV, Strickzeug und der zärtlichen Lektüre von Kochrezepten entschädigen für alles. So sollte man immer leben. So überschaubar.

Mittwoch, Buß- und Bettag

Das hat mich fast melancholisch werden lassen: Zum zweiten Mal in meinem Leben bin ich Zeugin beim Hinscheiden eines Feiertags. Erst wurde der siebzehnte Juni einem zweifelhaften Oktobertag geopfert, und jetzt ereilt das Schicksal diesen ehrwürdigen Tag, der seit Menschengedenken den November so hübsch geteilt hatte.

Indessen haben sich weitere Gramme von mir in einen unbekannten Hinterhalt verzogen. Ihre Hüllen aber bleiben wie kleine Larven in mir zurück und lauern auf Nahrung, die ja, da sind sie zuversichtlich, irgendwann wiederkommen wird. Warum tun sich das so viele alte Damen an? Meinen wir, das Alter herausfasten zu können und der verbliebene Rest ist dann, wenn schon nicht die Jugend, so doch die Sichtbarkeit? Warum schmausen wir nicht fröhlich in den vielen Restaurants des Städtchens, bewerfen uns mit Maultaschen und tauchen tief ein in Kartoffelsalat und Wein?

Eine innere Stimme ruft mir zu: Ja, genau! Warum tust du das nicht, du anmaßende, eitle, alte Krähe?

Es gibt noch eine Chance, antworte ich aus Trotz.

Das denken die anderen auch, sagt die Stimme.

Der heutige Sonnenaufgang war Mozart, mit kleinen Marzipanwölkchen. Der Sonnenuntergang wird anderswo aufgeführt, dorthin gibt es keinen Blick. Mein kleines Gefängnis ist nett, bald wird es mir zu eng werden.

Donnerstag

Heute habe ich das Finale des Sonnenaufgangs verschlafen, man gewöhnt sich doch sehr ans Repertoire. Ich ahne, daß mir das noch leid tun wird. Ein frühlingshafter Tag, kiloweise neue Zeitungen und die beruhigende Routine auf diesem Zauberberg, auf dem man sich allerdings erotische Verwicklungen nur sehr schwer vorstellen kann. Das Haus erfüllt ein ständiges Rumoren von Entleerungsgeräuschen. Erfolgreich aussehende Männer im anstaltseigenen Bademantel wandeln einem mit Uringläschen in der Hand entgegen. Daran erkennt man die Neuankömmlinge. Vor der Rezeption wird ein Rondell gepflastert, wohl für einen Springbrunnen. Es wird heftig gearbeitet und eine Schwester sagt: So viele Männer ... draußen ...

Was würden diese fast nie von ihrer Arbeit aufschauenden Männer sagen, wenn man ihnen erklärte, was hier drin geschieht? Sie, die doch bei den Müttern ihrer Söhne für eine gewisse Plumeauhaftigkeit dankbar sind, und bei denen grade die runderen deutschen Mädchen Freude und Begehren auslösen? Und wenn sie die vielen alten Frauen wahrnähmen, deren Familien es zulassen, daß die Oma nichts zu essen kriegt, und dafür auch noch das gute Erbe raushaut?

Freitag

Ob Sonnenauf – ob – untergang,
Der Dichter ärgert sich schon lang:
Sie sind so schwierig darzustellen
Und jedes Bild kann nur verprellen
Zu rot
Zu bleich
Zu grob
Zu käsig
Zu puderzuckerig
Zu bräsig
Zu wild
Zu lahm
Zu mild
Zu zahm
O je, seufzt der See.

Meine Tage hier sind gezählt. Ein Gedanke geht mir nicht aus dem Kopf. Wohin tun sie eigentlich die Kilos, die hiergeblieben sind? Bewahren sie sie auf, um sie bei sinkendem Umsatz an die Besitzer zurückzuschicken? Eine gewaltige, friedliche Verspießerung hat mich ergriffen. Wer dieses Denken und Leben nachmacht, wird niemandem mehr gefährlich, nicht Mann, nicht Frau. Auch Tieren nicht, außer einem erhöhten Wasserverbrauch lebt man kontemplativ und platzsparend wie eine Amöbe. Ich habe mir einen Spielzeugphotoapparat gekauft, wegen der Sonnenaufgänge.

Am Swimmingpool ist ein Kind gelandet, und diesem winzigen Mädchen gelingt es, den akustischen Eindruck eines ganzen Kindergartens in voller Aktion über das riesige, stille

Gelände zu stülpen. Es ist faszinierend: Das kreischt und lebt aus voller Kehle, was sagt ihm Einkehr, was sagt ihm Vergänglichkeit? Ein einziger kleiner Mensch in irrem Daseinsglück, das will hinausgeplärrt werden. Das ganze Haus ist ein einziges, mißbilligend melancholisches Ohr.

Mein Abend wird perfekt sein, stricken und Scarlett O'Hara. Wer mir das je gesagt hätte.

Samstag

Allmählich sinke ich immer tiefer in die wunderbare Ereignislosigkeit ab, jenen Luxus, den man erst spät als solchen erkennt. Überall auf der Welt müssen die Menschen am Samstagabend irgendwohin, sie müssen sich feinmachen, sie müssen sich auf jede nur erdenkliche Weise Zutritt zur Welt verschaffen und vor sich selber behaupten, Gedränge sei ein Beweis für unangefochtenes Vorhandensein. Manche arme Frau fleht ihren stummen Telefonhörer an und tröstet sich mit Tiefkühltorte, ohne sie vorher aufzutauen. Das Samstagselend lärmt, stinkt und kostet viel Geld. Ich ziehe mich in einen Sessel zurück, verteile einige stille Zerstreuungsmöglichkeiten um mich herum und lasse den Fernseher zu Wort kommen. Die Zeit bremst hörbar. Sie rattert und rumpelt noch ein bißchen vor sich hin, ächzt – und dann Stille. Leise plaudernde Stille. Alles steht. Wie schön.

In regelmäßigen Abständen bekomme ich auf dem Bildschirm ungefährliche Genüsse vorgesetzt, Farmerschinken, marinierte Heringe, Heiligenscheine aus Mayonnaise. Deutliche hörbare Crème brulée. Ich schaue mir alles an. Danach bringt mir ein Adler einen Fernet Branca. Bis tief in die Nacht kann man sich satt sehen, sich virtuell überfres-

sen. Danach mag man nichts mehr, außer ein wenig Apfel-
tee.

Beim Friseur bin ich wiederkannt worden, das pummelige
Mädchen mit dem klugen Gesicht hat einen knallvioletten
Bürstenschnitt.

Heiße Farbe, sage ich.

Ihre ist auch ok, sagt sie.

Sonntag

Fastenengel mit Füllhorn, statt Kirchgang

Ich bringe dir in meinem Horne
Geschenke, die zum Darben dienen,
Rohes Gemüse steht ganz vorne
Und Honig gibt's von wilden Bienen.
Auch Weizenkeim und Haferflocken,
Gepresst, geschrotet, roh, im Keime,
Ein dunkles Semmelchen aus Roggen
Und mehrere Getreideschleime.
Grünkräuter! Gurken! Kohl! Karotten!
Auch Molke, Joghurt, magere Quarke –
Ein Ende hats mit dem Verrotten
Der Leib erschlanke und erstarke!
Und wer sich noch nach Braten sehnt
Der wird vom Engel abgelehnt.

Ich lerne beim Sonntagsspaziergang eine dicke bunte Katze
kennen, nach mehreren Schmuseminuten merke ich, sie hat
keinen Schwanz. Sie hat ganz und gar keinen Schwanz und
ist trotzdem sehr schön. Ich bekomme Heimweh.

Montag

Auf einmal ist der Sommer wieder da. Der See beeilt sich, noch einmal aufzuwachen. Das einzige Café am Ufer, das noch nicht geschlossen hatte, es ist keins von den feinen, macht das Geschäft seines Lebens. Was Hände und Beine hat, schleppt Stühle und Tische auf die Promenade. Die Kellner waren offenbar größtenteils schon zusammengefaltet und verpackt gewesen. Jetzt stehen sie betäubt und etwas zerknittert zwischen all den unvermutet aufgetauchten Gästen. Ich trinke einen Kaffee und rauche eine Zigarette. Beides schmeckt ganz unvergleichlich und macht etwas schwindlig.

Die Wärme hat viele Wespen von den Toten erweckt, sie klammern sich wie betrunken an die Zuckerstreuer und starten dann in Richtung Eistüten. Dreistöckige Eisbecher, nackte Unterarme, Sonnenbrillen, was für ein unverhofftes spätes Glück. Die Sonne macht höhnisch die Weihnachtsdekorationen unsichtbar. Das war nun sicher ihr letztes Fest, ihr letzter Triumph dieses Jahr. Ich fühle mich leicht.

Dienstag

Vorbei. Der Nebel hat sich aus dem See gewälzt und alles verschluckt. Er wird so bald nicht weggehen. Über dem Pool steht noch dickerer Nebel, aber wenn man auf dem Rücken schwimmt, sieht man die Muster der kahlen Bäume wie Zeichnungen auf Watte. Es ist wunderbar, mittags in einem weißen Bett zu liegen und mit einer Wärmflasche an den Füßen in den weißen Nebel zu schauen. Luxus! Die Tage rollen sachte weg.

Fastenbrechen ist ein viel zu gewalttätiges Wort dafür, daß

wir mehr oder weniger weniger Gewordenen am Ende einzeln im Speisesaal sitzen, ein Kerzlein brennt wie bei einem Kindergeburtstag, wir schauen auf unsere Fastenurkunde. Das Wichtigste steht nicht drauf, es ist die Sache mit der angehaltenen Zeit. Das wird bei jedem anders sein. Da und dort werden verschämt Hosenbünde von Leib weggehalten – »als ich kam, hat die noch gespannt!« –, aber darum geht es nicht in erster Linie.

Die folgenden Tage

Man will alles behalten, vor allem das Genußbewußtsein – ein gedünsteter Apfel! Kartoffelsuppe! Vier Haselnüsse! Ich weiß aus Erfahrung, daß es nicht klappt und daß das durch ein Quarkbrot hervorgerufene Glück schon eine Woche später nicht einmal mehr Erinnerung sein wird. Die Zeit nimmt wieder Fahrt auf. Das ist schade. Man müßte doch ein für allemal gelernt haben, wie es ist, als Amöbe glücklich und zufrieden zu sein. Vielleicht sind ja die Kilos, die zuverlässig irgendwo lauern, nur ein Nebenprodukt. Das Gewicht, das man in der Welt haben will, legt sich einem um den Leib.

Ob die Entscheidungsträger sich bei ihren EZB-Krisensitzungen daran erinnern werden, wie sie mit einem Anstaltsbademantel bekleidet glücklich an ihrem Fencheltee schnupperten? Und die Damen aus dem Management, in Leberwickel gehüllt wie Babies und Kochrezepte lesend, werden sie sich in ihren Bürotürmen bei ihren Meetings unvermittelt danach sehnen? Und ich?

Aber man kann ja wiederkommen.

Der Anis ist im Plätzchen
Ein unschuldsvolles Schätzchen –
Doch wenn er in den Ouzo steigt
Und dir sein wahres Wesen zeigt –
Dann lernst du schnell, was dran is
Am Anis.

ZWIEFACHE SPEISE

Nannte es damals irgendein besserwisserisches Familienmitglied ein »geschmackloses Buch«? Ich konnte das Wort nicht verstehen, verband sich doch mit ebendiesem Buch der Geschmack nach amerikanischem Vanilleeiscremepulver. Das war ein wunderbarer gelber Staub, Grundstoff zu einem imaginären, weil eben amerikanischen Eis. So weit ließen wir es in unserem Land nicht kommen. Ich jedenfalls aß es immer schon vor seiner Verwandlung auf und machte, während ich las und langsam aus einer braunen Tüte ohne Aufschrift löffelte, einen sanften, paradiesisch schmeckenden Schaum im Mund. Das Buch dazu hieß *Der kleine Lord.* Ohne das Eiscremepulver wüßte ich nichts mehr davon, die darin genüßlich ausgebreiteten Beschreibungen der Schönheiten des Feudalismus und der süßwürzige Schaum im Mund verbanden sich untrennbar. Bei dieser ersten Erfahrung mit der Buchstäblichkeit des Begriffs »verschlingen« war ich ganz allein. Ich blieb es nicht: Meine Busenfreundin Christa gestand mir voll Entzücken die Verbindung von Pflaumenmusbroten, Milch und *Pucki im Försterhaus.* Was werdet ihr fett! sagte erbarmungslos ihr älterer Bruder Peter. Dabei lasen wir nur viel. Manche Bücher ließen uns darben. Die etwas ahnungslose Empfehlung meines Vaters, endlich mal was Anständiges, etwa Schiller, anstatt der nicht enden wollenden *Fünf Freunde* zu lesen, führte zu langen Nachmittagen auf der Mülltonne, *Kabale und Liebe* (was ich sofort entschieden spannender als die *Fünf Freunde* fand, wäre nur der Autor etwas weniger umständlich vorgegangen) und dem langsamen, nachdenk

lichen Genuß von Klaräpfeln, was der Figur nicht so abträg-
lich (es müßte hier eigentlich zuträglich heißen) war wie Joseph Conrad, der zu Speckbroten mit Senf führte. Essen und
Lesen zusammen lehnten merkwürdigerweise nur jene Leute
ab, die sowieso Schutzhüllen um die Bücher taten. Die gleichen Leute benutzen auch eine Art Kofferpariser, man sieht
das oft auf Bahnhöfen.

Diese Menschen behaupten also, daß man beim Lesen nicht
essen soll und beim Essen nicht lesen. Ein fundamentaler Irr-
tum, in die Welt gesetzt von Pietisten, die den Lüsten miß-
trauen und gar der Verbindung zweier Urlüste, die gemeinsam zur fast allergrößten Lust werden. Natürlich ist nicht
pausen- und hemmungsloses Hineinstopfen gemeint – höchstens als Ausnahme, wenn der Text die Völlerei erzwingt. Vieles will überlegt sein, manches ergibt sich von allein, und wie
arm ist der dran, der nachts an eine Rabelais-Stelle kommt
und nur noch Tütensuppe und Diätcola im Hause hat. Mein
Freund F. ist deswegen mehr als einmal in die düsteren Bahn-
hofsgegenden gefahren, wo die Garküchen noch geöffnet haben und Öldunst, Curryduft und Fleischkrustengeruch die
lebensnotwendige Ergänzung zu einem Text von Grass oder
García Marquez bildeten. Während ihm da das Fett über die
Backen lief, erzählte er mir, habe er schon ungeduldig auf
den Moment geharrt, wo er – gesättigt und in aller Ruhe –
die Beschreibung des Frühstücks in Wolfes (ich meine den
wirklichen Thomas Wolfe) *Schau heimwärts, Engel* noch einmal lesen würde. Aber nicht nur das beschriebene Essen will
die Ergänzung im Leserleben – auch Texte, in denen es um
ganz anderes geht, verlangen die orale Begleitung, den Trost
oder die Unterstreichung.

Und das Flüssige – im Text und im Leben? Als ich sechzehn

war, betrat ich zum erstenmal jenes moderwinklige Ratten-
häuschen des VauO Stomps seligen Andenkens, Sanssouris
in Stierstadt. Ich war sechzehn, und ich war ein Mädchen, beides interessierte den Urliteraten gar nicht, leider. Ich bestach
mit Schnaps (wenn du schon was mitbringst, das nächste
Mal Wodka) und wurde fürderhin gelegentlich geduldet. Betäubt sah ich die grünbraunweißen Flaschenwälder, die zum
Lesen und zum Schreiben gehörten, sie tranken, wenn sie einander vorlasen, sie tranken, wenn sie lasen, sie tranken, während sie Büroklammern und Brotscheiben in eine neue Druk-
kerpresse legten, um zu sehen, was die denn damit drucke.
Sie druckte daraufhin gar nichts mehr, und daß der Schnaps
zum Lesen gehörte, wollte ich wohl glauben, gewöhnte mir
diesen Glauben aber früh wieder ab. Stomps gewöhnte sich
ihn später ab und starb. Das spricht nicht gegen den Schnaps
an sich und seine Verbindung zur Literatur, wenn auch eher
die Produzierenden als die Konsumierenden mit ihm befreun-
det sind. Denn der Schnaps ist ein großer Beweis dafür, daß
Lesen entschieden schwerer ist als Schreiben. Schreiben kann
man mit Schnaps viel, lange und gelegentlich sehr gut. Lesen geht gar nicht, da sind sanftere Getränke angebracht, je
nach Lektüre sehr verschiedene. Zu Dostojewskij etwa ein
temperierter schwerer Burgunder und zu Flaubert schwarzer
Tee mit Kirschkonfitüre. Sie meinen, umgekehrt? Eben nicht,
eben nicht! Aber es ist natürlich jedem überlassen, ganz frei
werden da die merkwürdigsten Verbindungen geknüpft und
bleiben über Jahre im Gedächtnis. Für ewig bei den *Budden-
brooks* an Schwarzbrot mit falschem Lachs drauf denken,
einer studentisch-einsamen Nachahmung der lübischen Gast-
mähler. Emma Bovary und kalte Wiener Würstchen mit Zitro-
nenlimonade. Nein, es braucht niemandem schlecht zu wer-

den. Es ist auch kein sich mit dem Älterwerden erschöpfendes Problem, wie gern behauptet wird. Essen und Lesen sind Schutzburgen, Fluchtschiffe, Mauern gegen den Lärm, Bastionen gegen das Fortschreiten der Häßlichkeit. Die braucht man als Erwachsener noch verzweifelter, es läßt sich aber nicht so leicht zugeben. Und was tun eigentlich die Männer, diese Armen, denen es nicht zugestanden wird, sich mit dem Ransmayr und einem Kasten Mozartkugeln für einen Nachmittag lang auf den Weg aus der Wirklichkeit zu machen? »Ich lese nur den *Spiegel* und Fachliteratur«, sagen die armen Männer. Was essen sie dazu? Ihr gräßliches Mittagessen bei der Bank oder beim Funk oder im Flieger? Davon sei hier nicht die Rede. Nicht die Trostlosigkeit des Zeitgewinns ist gemeint, sondern die Erhöhung und Vervollkommnung des Genusses. Soll doch jemand schreiben, was sich empfiehlt, gelesen und gegessen zu werden. Fassen wir uns in Geduld, bis wir in Franz Hohlers Schüsseln schauen dürfen, aber seien wir gewiß, daß das Lesen und das Essen zu den Notwendigkeiten gehören, die durch Verfeinerung erst erträglich werden.

Ich höre schon die ganze Zeit das anschwellende Grollen der ernsten Bibliophilen beim Gedanken an Schokoladenfinger auf ihrer Ponge-Erstausgabe. Es sei gesagt, daß man zu Ponge auch keine Schokolade essen sollte, eher kleine Pfeffergürkchen, und die geben keine Flecken – der wahre Genießer weiß aufzupassen. Er wird nicht in Heidelbeerkompott schwelgend sich dem marmorierten Vorsatzpapier nähern, und er wird sich die Finger vor dem Berühren eines seidenmatten Pappeinbands gehörig abwischen. Das sind Selbstverständlichkeiten, die man gar nicht zu betonen braucht! Ich lese zu einem wunderbar gelungenen Broccolisoufflé schließlich auch keinen – wie heißt er noch? Der, bei dem immer so viel geheult, gepinkelt und ejakuliert wird? Ja, der! Also, es käme mir nicht in den Sinn, zu einer feinen, leichten und klugen Speise ein grobes und tumbes Buch zu lesen. Das Vergnügen an schön gemachten Büchern, die Ehrfurcht vor der Zerbrechlichkeit der alten Exemplare ergänzen sich aufs würdigste mit der Freude am Essen – und der Ehrfurcht vor dem Unterschied zwischen Speisen und Herunterwürgen. Es will ja so viel hinuntergewürgt werden, jeden Tag, immer mehr, immer unverdaulicher. Wer könnte beim Zeitungslesen noch essen, ohne daß es ihm gleich wieder aus dem Gesicht fiele? Wer will sich (wenn er ein gefühlvoller Zeitgenosse ist) das Frühstück mit einem Gemisch aus Korruption und Lügenbeutelei, Gift und Lärm, Mord und Totschlag vergällen? Eben. Und so frühstücke man lieber bei der Lektüre von Håkan Nesser, Patricia Highsmith oder Don Winslow, bei denen es um Korruption, Lügenbeutelei, Gift und Lärm, Mord und Totschlag geht. Kriminalromane zum Frühstück wappnen für die Wirklichkeit, ohne ihr gleich alle Rechte zu geben.

Und bei der Liebe? Man sende dem oder der Geliebten einen Korb Gedichte und mehrere Bände Früchte, Pikanterien und Wein. Beides will zusammen genossen sein.

Paprika, Chili, teuflische Schoten,
Scharf sind die grünen, schärfer die roten –
Am allerschärfsten sind die ganz kleinen,
Sie bringen die schärfsten Männer zum Weinen.

LEBENSMITTEL

Zum erstenmal hatte ich über die Liebe zu schrecklichem Essen nachgedacht, als ich mit einer Freundin am Kühlregal stand und deren Frage: »Was sollen wir denn hier? Wo ist die Käsetheke?« überhörte. Ich suchte nach Scheibletten und fand sie auch.

»Das kann man doch nicht essen«, sagte sie.

Ich erklärte ihr, daß es meine Lieblingssorte, Chester, leider nicht mehr gebe. Der war rosa. Eigentlich apricot. Deswegen nähme ich jetzt diesen. Obwohl er eine kränkliche Farbe habe, sei er immer noch besser als gar kein Scheibenkäse.

»Das ist nicht dein Ernst«, sagte sie. »Das ist Müll! Gammelkäse! Da werfen sie alle möglichen schimmeligen Reste zusammen in große Tonnen und schmelzen sie ein, und dann färben sie sie. Dein rosa Käse, das ist betakarotingepanschter Mist.«

Sie schüchterte mich völlig ein. Deswegen verzichtete ich darauf, ihr von dem Glück zu erzählen, das mir als Kind in Gestalt von Kakao und rosa Käse zuteil wurde. Warum es den nur gab, wenn ich krank war, weiß ich nicht. Der Milchhändler Salm schnitt ihn von einem schweren Block, der mit dünner Aluminiumfolie umhüllt war. Darauf stand *Chester*. Er war der Schmelzkäsevorgänger meiner geliebten Chester-Scheibletten. Um die Scheiben, die eine rauhe Konsistenz hatten, ganz anders als der gummiartige Scheibenkäse von heute, klebten dünne Alufädchen, die an den Zahnplomben ein elektrisches Gefühl machten.

Ich folgte meiner Freundin zum Rohmilchcamembert. Das

war, als würde man statt einer Madeleine ein Rosinenbrötchen kaufen. Der Scheibenkäse hätte noch den Duft der Erinnerung, die Erinnerung an die Erinnerung sozusagen gehabt. Alles andere war eben einfach nur Käse.

Die Sache ging mir nicht mehr aus dem Kopf. Mußten nicht viele so einen Erinnerungsgeschmack, eine Marotte, ein kulinarisches Geheimnis mit sich schleppen? Es wurde nie darüber geredet. Statt dessen machten sich alle mit ihren Gourmetfähigkeiten wichtig und tauschten Rezepte und Restaurantempfehlungen aus. Aber, davon war und bin ich überzeugt: Die meisten erwachsenen Menschen haben eine dunkle Seite und schämen sich dafür, daß ihnen zum Beispiel nichts auf der Welt über Nudeln mit Maggi oder Bahlsenkekse in geschmolzener Schokolade geht. Sie verbergen das wie eine sexuelle Sonderbarkeit, und vielleicht bedeuten ihnen ihre meist einsamen Orgien etwas anderes als Essen. Vielleicht gibt es Lebensmittel, von denen man nie satt wird, egal, wieviel man davon ißt.

Einem Erwachsenen kann niemand verwehren, Apfelsaft heißzumachen und dazu altes Schwarzbrot zu essen, das mit einem Hering eingerieben ist. Natürlich hat niemand, dem sein gesellschaftliches Leben etwas bedeutet, Lust, sich bei einer derartigen Mahlzeit erwischen zu lassen. Wenn es doch passiert, gibt es die Geschichte von einer Flucht, einer im Schnee gefundenen, fast gefrorenen Flasche Saft und einem geliehenen Hering, mit dem man sein Stück Brot abreiben konnte, damit es nach etwas schmeckte. Daß der Betreffende jedes Sternemenu für heißen Apfelsaft und *Heringsschatten*, wie er es nennt, stehenlassen würde, kann man nicht vermitteln, und schon gar nicht, daß diese Art Essen immer und immer wiederholt werden muß. Es genügt nicht, sich an seinen

Erinnerungen einmal gründlich zu überfressen, um sie endgültig los zu sein.

Eine bestimmte Art Nahrung ist von Geschmack, Erziehung, Appetit, wahrscheinlich sogar von landläufigem Hunger völlig unabhängig. Dieses Essen funktioniert wie eine Art Wirtstier für Gefühle. Die setzen sich zum Beispiel gar nicht selten in einer Dose Ravioli fest. Es muß die Kilodose sein. Die Gefühle verschwinden übrigens sofort, wenn man die Ravioli in einen Topf tut und warm macht. Sie müssen unbedingt kalt sein, nach Blech schmecken und mit einem Löffel, keinesfalls mit einer Gabel gegessen werden. Dann ist es für einige Menschen wieder da, das ganze Aromenspektrum des Jungseins.

Einen hochintellektuellen Mann kannte ich, er war streng und unnachsichtig gegen jede Art geistiger Schlamperei, dazu geheimnisvoll und charmant. Er verfügte über eine Menge Bekannte und sehr wenige Freunde. Seine vielfältigen kulturellen Aktivitäten trieben ihn fast jeden Abend unter Menschen. Zufällig sah ich ihn einmal mittags in einer Kneipe, in die er überhaupt nicht hineinpaßte. Man schien ihn dort aber zu kennen. Er saß vor einem dreigeteilten Teller, wie es sie in einfachen Wirtshäusern gibt. Den Braten hatte er beiseite gelegt und zermatschte sorgfältig die verbleibende Soße mit den Salzkartoffeln. Den so entstandenen bräunlichen Brei aß er mit einem Kaffeelöffel. Dabei sah er glücklich aus.

Als er meiner ansichtig wurde, sagte er ohne erkennbare Verlegenheit, damit tröste er sich über die Hartherzigkeit und Gefühlskälte seiner Mutter hinweg. Während ich noch nachdachte, ob das eine seiner exzentrischen Attitüden war, sagte er: Essenmanschen ist besser als jede Therapie! Außerdem ist sie jetzt auch noch gestorben, meine Mutter.

Er bekam nasse Augen, und an seinem Kinn klebte ein wenig von der trostreichen braunen Pampe.

In den Jahren, die ihm noch blieben – es waren nicht mehr viele –, sah ich ihn nie mehr anders als mit einem imaginären Breifleck am Kinn.

Wenn Kinder einsam sind, tun sie sich gern mit anderen einsamen Kindern zusammen und machen sich in der verwaisten Küche was zu essen. Das müssen nicht immer Miracoli sein, Karamellbonbons sind auch gut. Man nimmt eine Pfanne. Erst läßt man Butter zerfließen, dann Zucker drin zerlaufen, und dann muß das Ganze hart werden, damit man es aus der Pfanne wieder rauskriegt. Danach ist die ganze Küche eingesaut. Das Zeug sieht wie braune Glasscherben aus, und der Geschmack nach Butter und karamellisiertem Zucker geht einem nie mehr aus dem Sinn.

Wie das damals klebte! Überall hat es geklebt, Herd und Wände, Finger und Münder klebten, und es gab Ärger, nicht nur wegen der Verschwendung von Butter und Zucker und des Zustands der Küche, sondern auch wegen der zu erwartenden Zahnschäden. Dreißig Jahre später bestellen die einsamen Kinder von einst im Restaurant Crème Caramel, und ab dem ersten Löffel erscheint in ihrem Gesicht ein ganz besonderes Lächeln.

Ein anderes braunes Zeug taugt erstaunlicherweise ebenso gut als Seelenspeise: Maggi. Eine Frau hielt sich jahrzehntelang schlank, schön und glücklich mit einem Brei, bei dessen Anblick allein jedem normalen Menschen schlecht wurde. Er bestand aus rohen Haferflocken und Maggi und war ihr Hauptnahrungsmittel. Natürlich verlangte es das Alltagsleben, daß sie so tat, als ernähre sie sich wie andere Leute auch. Sie entwickelte eine große Anzahl von Ich-tu-so-als-ob-ichesse-Strategien. Man kennt das von Anorektikerinnen, dieses Hin- und Hergeschubse von Essen auf dem Teller, Ablenkung durch Gespräche, eine durchdachte Choreographie der Verweigerung. Am Anfang machte sie das, später nicht mehr. Sie stand zu ihrer Mono-Ernährung. Die hielt sie übrigens bis ins hohe Alter körperlich gesund, und so dement sie dann auch war, vergaß sie doch nie, was sie gern aß und verlangte energisch danach.

Ein Sternekoch gestand mir im Suff, er liebe Maggi über alles. Alle seine gerühmten Schäume und Jus hätte er offenbar gern für die braune Soße weggeschüttet, deren Verwendung in der Küche niemals zugegeben werden darf. Das gilt nicht nur für die feine, das gilt für jede Küche. Maggi ist die *Bildzeitung* der Kulinarik. Keiner benutzt es, aber jeder weiß, wie es schmeckt. Und bei manchen ist die Liebstöckel-brühe eine lebenslange Liebe bis hin zur Sucht. Es soll Männer geben, die glücklich darüber sind, daß man sie wegen ihrer verstohlenen Schlucke aus silbernen Taschenflaschen für Alkoholiker hält. Solange die Welt denkt, sie führten sich heimlich Whisky oder Cognac zu, ist alles in Ordnung. Nicht auszudenken, wenn herauskäme, daß es in Wahrheit Maggi ist, von dem sie nicht lassen können! Eine Fahne haben auch diese Süchtigen, nur riechen sie statt nach Schnaps nach Tütensuppe.

Professor W. von der Universität in M. war Germanist, Spezialgebiet Märchenforschung. Seine Seminare waren langweilig, aber beliebt, und man kam bei ihm leicht an Scheine. Wie in alten Zeiten lud er gelegentlich Studenten zu sich nach Hause ein, und die Legenden über die Märklineisenbahn auf seinem Schreibtisch verbreiteten sich rasch. Jedes Erstsemester wurde über den märchenhaften Miniaturzug belehrt und setzte alles dran, ihn selber zu Gesicht zu bekommen. Und tatsächlich: Ein Schienenoval bedeckte den professoralen Schreibtisch und ein kleiner Güterzug fuhr ununterbrochen darauf herum. Die Waggons waren mit allerlei Bürozeug beladen. Klammern, Radiergummis, Gummiringe, Bleistiftspitzer, was man so braucht. Einer aber war mit Mayonnaise gefüllt, und während der Professor über Volks- und Kunstmärchen oder den schwierigen Topos des Verlassenwerdens in *Hänsel und Gretel* dozierte, wartete er, bis der Mayonnaisewaggon an ihm vorbeifuhr, steckte den Zeigefinger rein und leckte ihn ab. Das geschah mit der größten Selbstverständlichkeit und unterbrach den jeweiligen Vortrag nicht. Die zuschauenden und zuhörenden Studenten gerieten durch das ständige Kreisen des Zügleins, das regelmäßige Niederfahren des Professorenfingers und seine ruhig dahindozierende Stimme in eine Art Trance. Ich weiß nicht, ob es je einen Studenten gelüstet hat, seinen Finger in den Mayonnaisewaggon zu stecken, wenn der bei ihm, also gegenüber vom Professor, vorbeikam – wir Mädchen jedenfalls wären niemals auf die Idee gekommen. Viel zu eklig! Wann und wie oft das Wägelchen wohl neu beladen wurde? Ob es je einer ausspülte? Für mich repräsentiert der längst vergessene Märchenforscher jedenfalls die größtmögliche Souveränität im Umgang mit einer kulinarischen Marotte.

Es ist möglich, daß man mit Essen, das scheinbar niemand anderer als man selber mag, eine Portion Trauer um etwas Verlorenes herunterschlucken und verdauen kann. Oft handelt es sich dabei um regionale Speisen, die so speziell sind, daß es schon die Leute vom nächsten Dorf schüttelt, wenn sie davon nur hören. Meistens ist es etwas Fettes oder sehr Mehliges, dem die lebenslange Sehnsucht gilt. Joseph Beuys hat dem ein Denkmal gesetzt, und es liegt an der traurigen Authentizität der Fettkunstwerke, daß man sie nicht für ausgemachten Unsinn hält. Ich bringe es einfach nicht fertig, sie als Scharlatanerie abzutun, so laut schreien Hunger und Heimweh aus den ekligen, immer unansehnlicher werdenden Objekten. Daß gräßliches Essen für ihn mit wunderbaren Erinnerungen verbunden war, zeigte auch seine Liebe zum Stockfisch. Wer in seinem Atelier eine Tonne, aus der heraus es entsetzlich stank, für den Beginn einer neuen Schaffensperiode hielt, irrte sich. Von Zeit zu Zeit bekam er diesen getrockneten Fisch, den er liebte, geschickt. Er wässerte ihn, und wenn man Pech hatte, wurde man zum Essen eingeladen.

Daniel Spörri und einige seiner Fluxus-Kollegen erfanden dann die Eat Art, sie machten abgefressene, unappetitliche Tischlandschaften haltbar und damit zu Kunst. Damals fand ich das widerwärtig und dekadent. Auch Schimmel, Vergammelung, ausgestellte Fäulnis, das, was von geliebter Speise bleibt, wurde Objekt. Spörri hatte sogar ein paar Jahre lang ein Restaurant. Ich wollte dort nie essen, das war ein Fehler. Ich hätte vielleicht etwas über geheime Sehnsüchte und den Schmerz darüber, daß sie nie gestillt werden, lernen können. Einem einst eßbaren Werk seines Kollegen Dieter Roth bin ich neulich begegnet. Sein wunderschönes *Selbstbildnis als Löwe* hält jetzt schon über ein halbes Jahrhundert, obwohl es aus Schokolade ist. Die hat sich, jedenfalls dem Augenschein nach, in eine Art uralten Marmor verwandelt. Seinem vom Künstler gewünschten Untergang durch Schokoladenmotten hat es getrotzt, es steht in seinem Glaskasten im neuen unterirdischen Saal des Frankfurter Städelmuseums wie eine edle Ausgrabung.

Als es bei meiner sehr alten Großmutter ans Sterben ging,

wollte sie dunkles Bier und etwas, das wie *Gans* klang. Das dunkle Bier habe ich ihr besorgt. Meines Wissens hatte sie sowas in ihrem ganzen Leben nicht angerührt. Überhaupt keinen Alkohol! Allerdings galt für sie Eierlikör als Nachspeise und Melissengeist als Medizin. Wovon sie am Ende ihres Lebens träumte, von welcher Speise, konnte sie mir nicht mehr sagen. Auf die Frage, ob sie ein Stück Gänsebraten haben wolle, schüttelte sie jedenfalls energisch den Kopf.

Diesseitsessen und Jenseitsessen, vielleicht finden sie irgendwann zueinander. Dann verwandeln sich Manna, Nektar und Ambrosia in Fett, Stockfisch, altes Brot mit Hering, in Kartoffelpampe oder eine geheimnisvolle Gans. Bei meinen Erkundungen, die Liebe zu merkwürdigen Speisen betreffend, hat niemand von Kaviar, Austern, Champagner oder sonstigen Banalitäten geredet. Manche hatten ihre Magennostalgie auch verdrängt, sie war ihnen peinlich. Warme Cola, sagte einer zögernd.

Kennen Sie diese eine amerikanische Zahnpasta? Sie ist rosa! fragte ein anderer.

Ich könnte sie aufs Brot essen!

Ich liebe das Quabbelfett, das unter der Schweineschwarte sitzt! seufzte eine sehr elegante Frau und schien zu überlegen, ob sie die Wörter *Quabbelfett* und *Schweineschwarte* jemals zuvor in den Mund genommen hatte.

Wir haben uns am Kiosk kennengelernt, sagt ein Paar. Jeder von uns hat Weiße Mäuse gekauft, diese Schaumgummidinger. Wir konnten uns nicht zurückhalten und mußten sie direkt dort aufessen, jeder ein ganzes Dutzend! Zack, da war sie, die ganz große Liebe. Das haben wir noch nie jemandem erzählt.

Der wunderbare Schauspieler Alfred Edel, wegen seiner

Obszönität und Frechheit ebenso gefürchtet wie wegen seiner Fähigkeit, die Schwächen anderer zu karikieren, antwortete auf die Frage einer Zeitung, was für ihn Glück sei:

Sonntagvormittag mit der Dorle im Bett sitzen und Marzipan essen.

Das leuchtet ein. Wenn alles gutgeht, werden wir dereinst an himmlischen Tischen sitzen und das jenseitige Essensangebot so unwirsch ablehnen, wie es Ludwig Thomas *Münchner im Himmel* vorgemacht hat. Manna! Was wollen wir denn mit Manna! Scheibenkäse, Heringsschatten, Karamell und Kartoffelpampe, Ravioli und Weiße Mäuse, noch sehr vieles mehr wird im Angebot sein, und man wird sie endlich wiederfinden und schmecken können, die Verlorene Zeit.

**Hat der Garten uns oder haben
wir ihn?**

Auf vielerlei Pfaden geht Eva Demski in ihrem Buch dem besonderen Verhältnis zwischen Mensch und Garten nach, sie erzählt vom Glück des Gelingens und von der Erschaffung eines
Stücks Himmel auf Erden.

»Er hat mich mehr als einmal gerettet, der Garten: die Dinge
zurechtgerückt, mich zum Lachen gebracht, wenn mir zum
Heulen war. Er bereitet mir Niederlagen, aber er tröstet mich,
wenn die Welt mir welche bereitet.«

»Schon lange nicht mehr war so ein anregendes, kluges und
charmantes Buch über Garten und Gartenmenschen auf dem
Büchermarkt.« *Frankfurter Allgemeine Zeitung*

Eva Demski, Gartengeschichten. Mit Bildern von Michael
Sowa. insel taschenbuch 4003. 235 Seiten

Süchtig nach Grün

Gärtnern, die große Leidenschaft, treibt unterschiedliche Passionsblüten: von Menschen, die mit Lust im Sand und in der Erde wühlen, und anderen, die lieber fremde Gärten bewundern. So schwärmt Maurice Maeterlinck für Orchideen, Gertrude Jekyll erfreut sich an prachtvollen Farbeffekten im Staudenbeet, Eva Demski hofft, daß die Samen aus den Lügentütchen in ihren Blumentöpfen aufgehen, René Schickele betet seine Pfingstrosen an, und Lady Wardington geht eifrig auf Maulwurfjagd.

Leidenschaftliche Gärtner. Ausgewählt von Elsemarie Maletzke. insel taschenbuch 4114. Etwa 180 Seiten

Der Albtraum eines jeden Gastgebers …

Ein Hummer auf der Flucht, betrunkene Gäste unterm Tisch, ein Feuerwehreinsatz zum Dessert und Hunde, die sich über den Lammbraten hermachen … Was tun? Annaliese Soros hat viel zu erzählen von den Dinner-Partys der New Yorker High-Society. Jahrelang erlebte sie an der Seite ihres Ehemannes, des Finanziers George Soros, die lustigsten, schrecklichsten und absurdesten Geschichten mit Gästen, Haustieren und kulinarischen Überraschungen. Mit viel Liebe und Humor erzählt sie ihre gesammelten Anekdoten und gibt hilfreiche Ratschläge und praktische Tipps, wie aus kulinarischen Katastrophen Triumphe werden …

Annaliese Soros, Danke für die Einladung. Wahre Geschichten von kulinarischen Katastrophen. Unter Mitarbeit von Abigail Stokes. Illustrationen von Roderick Mills. Aus dem Amerikanischen von Angelika Beck. insel taschenbuch 4008. 107 Seiten

Back to the basics

ERWIN SEITZ

Butter

Huhn und

Petersilie

ANREGUNGEN FÜR EINE
BESSERE KÜCHE

»Es geht nicht um extravagante Kombinatorik, etwa die mo-
dische Fusion von asiatischer und europäischer Küche, sondern um die Würdigung der Grundprodukte. Erwin Seitz be-
schreibt den Eigengeschmack der Lebensmittel, ihren Cha-
rakter und die diesem angemessene Garmethode. Die stärks-
ten Seiten dieses kleinen, hübschen Buches aber sind der
›Vorratskammer‹ gewidmet: Wie man mit Butter, Zitrone
und Olivenöl umgeht, lässt sich für jedes Essen anwenden
und reformiert die Alltagsküche an der Wurzel.«
Ijoma Mangold, Süddeutsche Zeitung

Erwin Seitz verfasst mit *Butter, Huhn und Petersilie* eine kulinarische Geschichte mit reichlich Tipps und Hinweisen. Ab-
gerundet wird sein Werk mit vielerlei anregenden Rezeptvor-
schlägen zum erfolgreichen Nachkochen. Eine wunderbar
leicht geschriebene Philosophie der kulinarischen Genüsse!

**Erwin Seitz, Butter, Huhn und Petersilie – Anregungen
für eine bessere Küche**. insel taschenbuch 4033. 186 Seiten

Die schönsten Gärten von Cornwall bis Kew Gardens

»Wir sind aus einem Garten vertrieben, so erzählt es die biblische Geschichte. Seither suchen wir das Paradies. Auf dem Weg dorthin gibt es englische Gärten.« *Peter Sager*
In *Englische Gartenlust* erzählt Peter Sager von 20 Gärten – mit Lust, großer Kenntnis und feinem englischem Witz. Er stellt Blumen- und Landschaftsgärten vor, Künstlergärten, Collegegärten, Hotelgärten und Kräutergärten, mittelalterliche, botanische, private, verwunschene, exotische und am Ende gänzlich verlorene Gärten.

Peter Sager, Englische Gartenlust. Von Cornwall bis Kew Gardens. insel taschenbuch 4133. 178 Seiten

Das Tagebuch einer leidenschaftlichen Gärtnerin

Ein preußischer Ehemann, nur der Grimmige genannt, eine beste Freundin, deren wochenlanger Aufenthalt die Freundesbande strapaziert, und eine naseweise Besucherin aus dem zivilisierten England. Sie alle bevölkern Elizabeths Garten, ihren liebsten Ort, ihre Oase der Ruhe ...

Meisterhaft erzählt Elizabeth von Arnim davon, wie sie den verwilderten Garten ihres preußischen Landguts in ein Paradies verwandelt und wie sie – trotz unerwünschter Eindringlinge und störender Nebendarsteller – dem wundersamen Zauber, den der Geruch feuchter Erde und die blühende Stille um sie herum verbreiten, immer wieder erliegt ...

Elizabeth von Arnim, Elizabeth und ihr Garten. Roman. Aus dem Englischen von Adelheid Dormagen. insel taschenbuch 4132. 135 Seiten

**»Hab den Mut zu leben, denn
sterben kann jeder.«**

Als Frida ein kleines schwarzes Notizbuch geschenkt bekommt,
ahnt sie noch nicht, wofür sie es eines Tages benötigen wird.
Auf der ersten Seite steht die Widmung: »Hab den Mut zu leben, denn sterben kann jeder.« Und Frida hat Mut. Sie trotzt
den vielen persönlichen Rückschlägen und nimmt sich vom
Leben, was sie will. Doch Frida lebt geborgte Tage. Ihr schmer-
zender Körper erinnert sie stets an ein Geheimnis, das sich in
ihrem Notizbuch offenbart: Vor Jahren schloss sie einen Pakt
mit einer geheimnisvollen Gestalt, die sie fortan begleitet, bis
eines Tages der Zeitpunkt einer letzten Zusammenkunft be-
vorsteht …

Das geheime Buch der Frida Kahlo ist ein fesselnder Roman, der
die geheimnisvolle Seite des extremen Lebens der Künstlerin
schildert, aber auch ein kulinarischer Roman, mit vielen raffi-
nierten, persönlichen Kochrezepten von Frida Kahlo.

**Francisco Haghenbeck, Das geheime Buch der Frida
Kahlo.** Roman. Aus dem Spanischen von Maria Hoffmann-
Dartevelle. insel taschenbuch 4001. 282 Seiten

Idwal Jones
DIE STERNE VON PARIS
Ein Roman der kulinarischen
Abenteuer

Die fabelhafte Welt des Jean-Marie

Eigentlich will Jean-Marie zur See fahren. Aber dann improvisiert er für eine englische Baronin eine Mahlzeit. Und die trägt ihm eine Empfehlung an ein altehrwürdiges 3-Sterne-Restaurant in Paris ein. Dort tafeln Aristokratinnen und Anarchisten, große und kleine Ganoven, Mätressen und Maharadschas. Noch interessanter geht es aber in der Küche zu – hier begegnet Jean-Marie der wahren Liebe seines Lebens.

Köstlich und leicht wie ein Soufflé, lebensklug und witzig wie ein Tischnachbar im Paradies: die Geschichte eines jungen Mannes, der nach Paris kommt und dort leben, lieben und kochen lernt – nur nicht in dieser Reihenfolge.

Idwal Jones, Die Sterne von Paris. Ein Roman der kulinarischen Abenteuer. Aus dem Englischen von Andrea Fischer. insel taschenbuch 4021. 223 Seiten

»**Herzzerreißend schön.**« *Vogue*

Der Club der singenden Metzger Louise Erdrich

Im Jahr 1922 wandert der junge Metzgermeister Fidelis Waldvogel nach Amerika aus, um dort sein Glück zu suchen – im
Gepäck einen Koffer voller Würste, mit deren Verkauf er die
Reise in die Neue Welt finanziert. In Argus, North Dakota,
gründet er ein Geschäft, eine Familie und einen Gesangverein. Aber erst als Fidelis und seine Frau Eva der Artistin Delphine begegnen, beginnt ihr amerikanisches Abenteuer.

»Eine fast im Flüsterton erzählte Geschichte voller kleiner
und großer Gefühle. Was folgt, wird Sie süchtig machen …
ein Meisterwerk.« *Cosmopolitan*

Louise Erdrich, Der Club der singenden Metzger. Roman.
Aus dem Amerikanischen von Renate Orth-Guttmann. insel
taschenbuch 4014. 503 Seiten

Über die Macht der Liebe und die Magie des Kochens

Mexiko, im vorigen Jahrhundert. Pedro liebt Tita und sie ihn. Doch die Konventionen bestimmen, dass die 16-Jährige unverheiratet bleiben muss, um später ihre Mutter zu versorgen. Pedro heiratet kurzerhand die ältere Schwester Rosaura, um in Titas Nähe bleiben zu können. Womit die Familie allerdings nicht gerechnet hat, sind Titas magische Kochkünste. Und nicht nur Pedro ist betört ... So führt Titas Weg in die Emanzipation ausgerechnet über den Ort, an den ihre Mutter sie hatte verbannen wollen: die Küche.

Bittersüße Schokolade – ein bezaubernder Liebesroman und ein Kochbuch über die sinnliche Verführungskraft kulinarischer Köstlichkeiten in einem.

Laura Esquivel, Bittersüße Schokolade. Aus dem Spanischen von Petra Strien. insel taschenbuch 4030. 278 Seiten

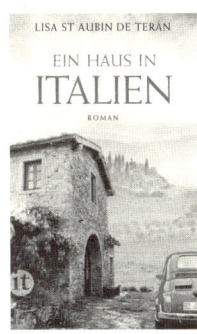

LISA ST AUBIN DE TERÁN

EIN HAUS IN
ITALIEN

ROMAN

**Italienisch für Anfänger ... oder:
der Traum vom eigenen Palazzo**

In Umbrien entdeckt die Autorin das Haus ihrer Träume: einen halbzerfallenen Palazzo am Rand eines kleinen Dorfes. Das Haus ist hohl und löchrig, es fehlen Fußböden und Türen, Abflussrohre und Wasser. Dennoch stürzt sich Lisa unbeirrt mitsamt ihrer britisch-schrulligen Familie, sechs Klavieren und zwanzig Katzen hinein in das Projekt Italien. Die Dorfbewohner wundern sich, die Handwerker sind nicht immer wohlgesonnen, Banken endlos bürokratisch, Träume in jeder Hinsicht extravagant. Der schottische Maler-Ehemann stolziert in Highland-Montur über das Anwesen, um den Fortgang der Bauarbeiten zu inspizieren, während die hübsche Tochter Iseult sämtlichen Jungen im Dorf den Kopf verdreht ...

Lisa St Aubin de Terán, Ein Haus in Italien. Roman. Aus dem Englischen von Ebba D. Drolshagen. insel taschenbuch 4123. Etwa 295 Seiten

**»Ein unglaublich bewegendes
Buch.«** *NDR Kultur*

Es ist das Jahr 1961 – das Jahr, in dem John F. Kennedy Präsi-
dent wird, Gagarin in den Weltraum fliegt und der Bau der
Berliner Mauer beginnt. Der zehnjährige Finn lebt mit seiner
Mutter in einer schmucklosen Vorstadt von Oslo. Er ist
schmächtig, aber vielleicht der Klügste seiner Klasse.
Eines Tages steht seine kleine Halbschwester Linda muttersee-
lenallein vor der Tür – mit einem himmelblauen Koffer und
jeder Menge emotionalem Sprengstoff im Gepäck.
Für Finn beginnt ein Sommer, den er nie vergessen wird …

*Ein Familienroman voller Wärme und Magie und eine ergreifen-
de Geschichte über die große Macht des Kleinen.*

**Roy Jacobsen, Der Sommer, in dem Linda schwimmen
lernte.** Roman. Aus dem Norwegischen von Gabriele Haefs.
insel taschenbuch 4127. 294 Seiten

**»Wir lieben uns. Wir mögen uns
nur nicht besonders.«**

Rosalind, Bianca und Cordelia: Die drei eigenwilligen Schwestern – von ihrem exzentrischen Vater liebevoll nach Shakes-
peare-Heldinnen benannt – kehren eines Sommers nach
Hause zurück, in die kleine Universitätsstadt im Mittleren
Westen. Die Freude über das Wiedersehen währt nur kurz,
denn die temperamentvollen jungen Frauen und ihre gut ge-
hüteten Probleme stellen die familiäre Harmonie auf eine
harte Probe …

Mitreißend und tiefgründig, spritzig und humorvoll erzählt
Die Shakespeare-Schwestern vom Los und Segen lebenslanger
Schwesternbande, die – sosehr man sich bemüht, sie zu lösen
– doch allen Stürmen des Lebens standhalten.

Eleanor Brown, Die Shakespeare-Schwestern. Roman.
Aus dem Amerikanischen von Brigitte Heinrich und
Christel Dormagen. insel taschenbuch 4135. 374 Seiten